reinhardt

Inklusiver Unterricht kompakt

Karin Reber · Wilma Schönauer-Schneider

Sprachförderung im inklusiven Unterricht

Praxistipps für Lehrkräfte

2. aktualisierte Auflage

Mit 34 Abbildungen und 15 Tabellen

Mit Kopiervorlagen und Medientipps als Online-Material

Ernst Reinhardt Verlag München

Dr. *Karin Reber* ist Beratungsrektorin im Förderschuldienst (Sprachheilpädagogik, Informatik) und akademische Sprachtherapeutin (Sprachheilpädagogin M.A.) in München.

Prof. Dr. *Wilma Schönauer-Schneider* lehrt Sprachbehindertenpädagogik an der Pädagogischen Hochschule Heidelberg.

Im Ernst Reinhardt Verlag ebenfalls erschienen:

Petra Breuer-Küppers/Rüdiger Bach:
Schüler mit Lernbeeinträchtigung im inklusiven Unterricht. Praxistipps für Lehrkräfte
(2016, ISBN: 978-3-497-02636-4)

Petra Breuer-Küppers/Anna-Maria Hintz:
Schüler mit herausforderndem Verhalten im inklusiven Unterricht. Praxistipps für Lehrkräfte
(2018, ISBN: 978-3-497-02815-3)

Markus Lang/Michael Thiele:
Schüler mit Sehbehinderung und Blindheit im inklusiven Unterricht. Praxistipps für Lehrkräfte
(2., aktual. Aufl. 2020, ISBN: 978-3-497-02927-3)

Reinhard Markowetz:
Schüler mit Autismus-Spektrum-Störung im inklusiven Unterricht. Praxistipps für Lehrkräfte
(2020, ISBN: 978-3-497-02944-0)

Claudia Omonsky:
Schüler mit schwerer und mehrfacher Behinderung im inklusiven Unterricht.
Praxistipps für Lehrkräfte
(2017, ISBN: 978-3-497-02679-1)

Karin Terfloth/Henrike Cesak:
Schüler mit geistiger Behinderung im inklusiven Unterricht. Praxistipps für Lehrkräfte
(2016, ISBN: 978-3-497-02635-7)

Tilly Truckenbrodt/Annette Leonhardt:
Schüler mit Hörschädigung im inklusiven Unterricht. Praxistipps für Lehrkräfte
(3., überarb. Aufl. 2020; ISBN: 978-3-497-02939-6)

Bibliografische Information der Deutschen Nationalbibliothek

Die Deutsche Nationalbibliothek verzeichnet diese Publikation in der Deutschen Nationalbibliografie; detaillierte bibliografische Daten sind im Internet über <http://dnb.d-nb.de> abrufbar.

ISBN 978-3-497-03009-5 (Print)
ISBN 978-3-497-61413-4 (PDF)
ISBN 978-3-497-61414-1 (EPUB)
2., aktualisierte Auflage

Printed in EU
Cover unter Verwendung eines Fotos von © iStock.com/filadendron
Satz: Rist Satz & Druck GmbH, 85304 Ilmmünster

Ernst Reinhardt Verlag, Kemnatenstr. 46, D-80639 München
Net: www.reinhardt-verlag.de E-Mail: info@reinhardt-verlag.de

Inhalt

Vorwort

Dieses Buch richtet sich an **Lehrkräfte, die Kinder mit sprachlichen Auffälligkeiten inklusiv unterrichten.** Die beschriebenen Sprachfördermaßnahmen sind für alle Kinder sinnvoll, die sprachlich auffällig sind, d.h. für Kinder mit Sprachbehinderungen, aber auch für mehrsprachige Kinder oder Kinder aus sprachfernem Milieu. Schwerpunkt ist eine enge Verzahnung von Theorie und Praxis.

Für eine effektive Sprachförderung ist es wichtig, die betroffenen Kinder mit ihren jeweiligen **Fähigkeiten und Barrieren zu erkennen** (Kap. 1 und 2) und **Unterstützungsangebote zu koordinieren** (Kap. 3). Schwerpunkt sind anschließend die zentralsten Aspekte sprachlicher Förderung im gemeinsamen Unterricht. Neben **grundlegenden Techniken** (Kap. 4) werden **zentrale Fördermaßnahmen** v.a. in den Bereichen Aussprache, Wortschatz und Grammatik mit zahlreichen praktischen Ideen und Beispielen verdeutlicht (Kap. 5 und 6) sowie durch **Downloads** ergänzt.

Zur besseren Lesbarkeit werden personenbezogene Bezeichnungen in männlicher Form verwendet, meinen aber in gleicher Weise beide Geschlechter.

Zur Orientierung werden folgende **Symbole** verwendet:

Mögliche Besonderheiten

Merke!

Online-Zusatzmaterial

Empfehlungen

Weiterführende Informationen

Das Online-Zusatzmaterial können Sie auf der Homepage des Ernst Reinhardt Verlages bei der Darstellung dieses Titels herunterladen: www.reinhardt-verlag.de

1 Wer braucht Sprachförderung?

Immer häufiger zeigen Kinder im Grundschulalter eingeschränkte sprachliche Fähigkeiten, die zu Barrieren im Schulalltag führen. Hierzu gehören Kinder mit Sprachentwicklungsstörungen, Kinder mit umgebungsbedingten Sprachauffälligkeiten, Flüchtlingskinder sowie u.a. Kinder mit Stottern, Stimmstörungen oder Mutismus. In diesem Kapitel werden deshalb diese Gruppen mit ihren jeweiligen Auffälligkeiten auf den einzelnen Sprachebenen sowie Möglichkeiten der Diagnostik im Unterricht (v.a. Beobachtungen) genauer beschrieben.

1.1 Spracherwerb und Auffälligkeiten

Spracherwerb

Normalerweise erwerben Kinder die Grundzüge einer oder mehrerer Sprachen in den ersten vier Lebensjahren. Der Spracherwerb ist dabei ein Wechselspiel von **angeborenen** Fähigkeiten und einem **informativen Angebot** von gesprochener, interaktiver Kommunikation (d.h. nicht Fernseher), gegebenenfalls in mehreren Sprachen.

eingeschränkte sprachliche Fähigkeiten

Schuleingangsuntersuchungen zeigen, dass Kinder im Vorschul- und Grundschulalter immer häufiger eingeschränkte sprachliche Fähigkeiten aufweisen (oftmals zwischen 25–40%), die zu erheblichen Barrieren im Schulalltag führen (z.B. Region Hannover 2014).

Aussprache – „Is dehe in die Sule"

Beeinträchtigungen im Verstehen:

- Unterscheiden von Lauten („sch" – „s")
- geringe **phonologische Bewusstheit**

Beeinträchtigung in der Produktion:

- **Auslassen** von Lauten und Silben (onne für Sonne, lade für Schokolade)
- **Ersetzen** von Lauten (Donne für Sonne, grei für drei)
- **Fehlbildung** von Lauten (z.B. Sigmatismus/Lispeln)
- Zusätzlich möglich: verwaschene, undeutliche Aussprache

Wortschatz – „Ich brauche das Dings, äh, zum Schreiben [Stift]"

Beeinträchtigungen im Wortverstehen:

- v.a. bei **abstrakten** Begriffen, Oberbegriffen,
- bei **ähnlichen** Begriffen wie braten, backen,
- bei **morphologisch veränderten** Wörtern wie „lief", „aß",
- bei **Funktionswörtern** wie Präpositionen, Pronomen

Beeinträchtigungen in der Wortproduktion:

Geringer Wortschatz, häufige Wortfindungsprobleme und dadurch:

- **Bedeutungsähnliche Ersetzungen** (Apfel für Birne) oder **klangähnliche Ersetzungen** (Biene für Birne)
- **Pausen, Füllwörter** (äh, also)
- Häufige **Umschreibungen** und **Allzweckwörter** (Das zum Schreiben, Dings, machen)
- **Ausweichendes** Verhalten (hab ich vergessen)
- **Metakommentare** (Wie heißt es gleich wieder?)

Grammatik – „Ich Buch gelest haben"

Beeinträchtigungen im grammatischen Verstehen:

Fehlerhaftes Verstehen von

- **Passivsätzen** (Wortreihenfolge umgedreht zur Handlung)
- **Nebensätzen** (v.a. mit **bevor/nachdem, wenn**, wenn die Reihenfolge nicht der erwünschten Handlung entspricht)
- Sätze mit **Negationen** (ohne, weder noch…)

Beeinträchtigung in der Produktion:

- **Verbendstellung** in Hauptsätzen und Infinitivsätze mit fehlender Anpassung des Verbs an das Subjekt (ich Kuchen backen)
- **Kasus** (Nominativ anstelle von Akkusativ, Dativ)
- **Starre Satzmuster**, meist einfache Hauptsätze SVO (fehlende Flexibilisierung)
- Keine bzw. fehlerhafte Bildung von **Nebensätzen** (v.a. Verwendung von Konjunktion, fehlende Verbendstellung)
- Schwierigkeiten mit **Plural, Partizip, Genus**

Kommunikation – „Und dann ist der gekommen und die ist auch gefahren"

Beeinträchtigungen im Verstehen:

- von **Texten, figurativer** Sprache, Witz, Ironie
- von impliziten Inhalten **(Schlussfolgern)**
- von **kommunikativen Absichten**
- Nichtverstehen (fehlendes Erkennen und **Nachfragen**)

Beeinträchtigung in der Produktion:

- Unangemessener **Rededrang**, Distanzlosigkeit in der Kommunikation
- **Sprunghaftigkeit** in den Themen oder Beharren
- Probleme beim **Hörer-Sprecher-Wechsel**
- Schwierigkeiten bei Bitten, Fragen…
- Probleme mit **Kohärenz** und **Kohäsion** (Erzählen von Geschichten mit fehlenden Informationen und Brüchen)
- Mangelnde **nonverbale** Kommunikation

Abb. 1: Häufigste Auffälligkeiten in den Bereichen Aussprache, Wortschatz, Grammatik, Kommunikation

Beispiele

Abbildung 1 zeigt die häufigsten sprachlichen Auffälligkeiten in den Bereichen Aussprache, Wortschatz, Grammatik und Kommunikation, jeweils mit Produktion und Sprachverstehen.

1.2 Erkennen von Auffälligkeiten

Mögliche Förderbereiche lassen sich mithilfe folgender diagnostischer Leitfragen erkennen (Kopiervorlage/Download „Diagnostische Leitfragen im Bereich Sprache"):

Aussprache

- Spricht das Kind verständlich?
- Bildet das Kind einzelne Laute falsch (z.B. „s" falsch gebildet) oder ersetzt diese (z.B. „t" statt „k")?
- Kann das Kind Laute unterscheiden?

Wortschatz

- Kann das Kind Dinge oder Handlungen spezifisch (z.B. nicht „tun" für „basteln") und schnell benennen?
- Fragt das Kind bei unbekannten Wörtern nach?
- Kann sich das Kind neue Begriffe merken?

Grammatik

- Kann das Kind einfache Hauptsätze mit richtiger Verbstellung und Konjugation bilden?
- Kann das Kind Kasus (z.B. Akkusativ), Plural, Partizipien (z.B. „gegessen") etc. richtig bilden?
- Kann das Kind Nebensätze richtig bilden?

Sprachverstehen

- Versteht das Kind Begriffe differenziert?
- Versteht das Kind Anweisungen richtig?
- Reagiert das Kind angemessen auf Fragen?

Kommunikation

- Kann das Kind angemessen fragen, bitten, begrüßen, sich entschuldigen ...?
- Kann das Kind einfache Geschichten verständlich erzählen (roter Faden, Geschichtenkomponenten)?

Weitere Bereiche (Kap. 1.3)

- Spricht das Kind mit klarer Stimme? (Stimmstörung)
- Spricht das Kind flüssig? (Redeflussstörung)
- Spricht das Kind in angemessener Weise mit allen Personen? (Mutismus)

Für einen Überblick über die sprachlichen Fähigkeiten einer Klasse kann auch das Kompetenzprofil 1 von Reber/Schönauer-Schneider 2018b verwendet werden (Tab. 1). Hier sind sprachliche Kompetenzen formuliert. Die Lehrkraft kann somit erkannte Stärken mit „+“, Schwächen mit „–“ bzw. Unsicherheiten mit „U“ oder „?“ markieren. Auf diese Weise erhält man einen guten Überblick über den Sprachstand der Klasse. Vertiefende, weitere Profile existieren zusätzlich zu den einzelnen Sprachebenen als Online-Zusatzmaterial (Kopiervorlage/Download „Kompetenzprofile Sprache“).

Tab. 1: Ausschnitt aus dem Kompetenzprofil 1 (Reber/Schönauer-Schneider 2018b)

Schule	Klasse	Lehrkraft			
Kompetenzprofil 1: Sprachliche Fähigkeiten – Screening					
Sprachliches Verhalten im Unterricht	*Ali*	*Lena*	…		
Aussprache					
Spricht deutlich und verständlich	+	+			
Spricht alle Laute und Lautverbindungen richtig	+	–			
Grammatik					
Produziert alle Wörter und setzt sie an die richtigen Stellen im Satz	–	+			
Verwendet korrekte Formen bei Partizipien, Verben, Kasus usw.	–	*U*			
Greift sprachliche Anregungen des Lehrers auf (Impulse, sprachliche Hilfen)	+	+			
Wortschatz					
Verwendet treffende, differenzierte Begriffe und **keine** Umschreibungen oder Allzweckwörter („Dings“)	–	+			
Dem Schüler fallen Wörter und Begriffe schnell ein	–	+			

Unterrichts-beobachtung

Im inklusiven Setting ist es für eine gezielte Förderung nötig, den Sprachstand der Schüler möglichst differenziert auf den einzelnen Sprachebenen zu erfassen. Dazu beobachtet der Lehrer Schüler, für die die Leitfragen zutreffen, zunächst auf einer Sprachebene genauer, dann auf der nächsten usw.

mögliche Unterrichts-situationen

Als diagnostische Unterrichtsphasen eignen sich Phasen, die zum spontanen Sprechen einladen, z. B. im Morgenkreis, während der Freiarbeit oder im Klassengespräch (Reber/Schönauer-Schneider 2015):

- **Aussprache:** Bilder, die gehäuft schwierige Laute (z. B. „sch“, „s“, „r“, „k“) und Lautverbindungen enthalten (z. B. Wimmelbilder, ausgewählte Bildkarten bzw. Realgegenstände); Buchstabeneinführungen; Zählen und Farben benennen lassen (viele schwierige Lautverbindungen, z. B. zwei, drei, sechs)

- **Wortschatz:** Wortschatz (z.B. Nomen, Verben, Adjektive) benennen oder aufschreiben lassen (z.B. mit Wimmelbildern, Bildkarten, Realgegenständen, z.B. aus dem Sachunterricht; Fragen: Was ist das? Was ist das alles zusammen? („Obst") Was macht der? Wie ist das?); Rätsel stellen; Gegenteile benennen lassen; Pantomime erraten (z.B. Bewegungsverben wie „humpeln"); Mindmap erstellen („Was fällt dir alles zu ‚Igel' ein?", Kap. 5.2)
- **Grammatik:** Fragen nach bestimmten Strukturen anhand von Geschichten (z.B. Erlebnisse, Bildergeschichten, Wimmelbilder), Fragen z.B. Wen? – Akkusativ; Wem? – Dativ; Warum? – Nebensatz mit weil; Schreiben zu Bildern mit Satzstartern (Der Junge nimmt ______ – Akkusativ); Analyse von freien Schreibprodukten
- **Sprachverstehen:** Befolgen von Anweisungen (z.B. zu Gegenständen aus dem Federmäppchen: „**Bevor** du den Radiergummi nimmst, klatsche in die Hände.", „Lege den Bleistift **zwischen** das Federmäppchen und den Radiergummi."); Malen nach Anweisung; Fragen zu Inhalten und Texten; Vorgabe von nicht verständlichen Anweisungen, um mögliches Nachfrageverhalten zu überprüfen (z.B. zu leise gesprochene Sätze, Sätze mit unbekannten Wörtern/Nichtwörtern wie „Jana sitzt in der Botanik/im Fautel.")

1.3 Klassifikation der Auffälligkeiten

Für eine differenziertere Förderplanung ist es oftmals hilfreich, die sprachlichen Auffälligkeiten im Rahmen des jeweiligen Störungsbildes zu sehen (Abb. 2). Unterschiedliche Störungsbilder können hier ähnliche Fördermaßnahmen erfordern, z.B. Wortschatzförderung bei Kindern mit umschriebenen Sprachentwicklungsstörungen und umgebungsbedingten Sprachauffälligkeiten. Daneben kann auch für Kinder mit Redefluss-/Stimmstörungen, Lern-/Hörbeeinträchtigungen oder bei Mehrsprachigkeit sprachliche Unterstützung im inklusiven Unterricht erforderlich sein.

Häufige Störungen: häufig inklusive Sprachförderung nötig

Seltenere Störungen: seltener inklusive Sprachförderung nötig

Normale Spracherwerbsprozesse: häufig inklusive Sprachförderung nötig

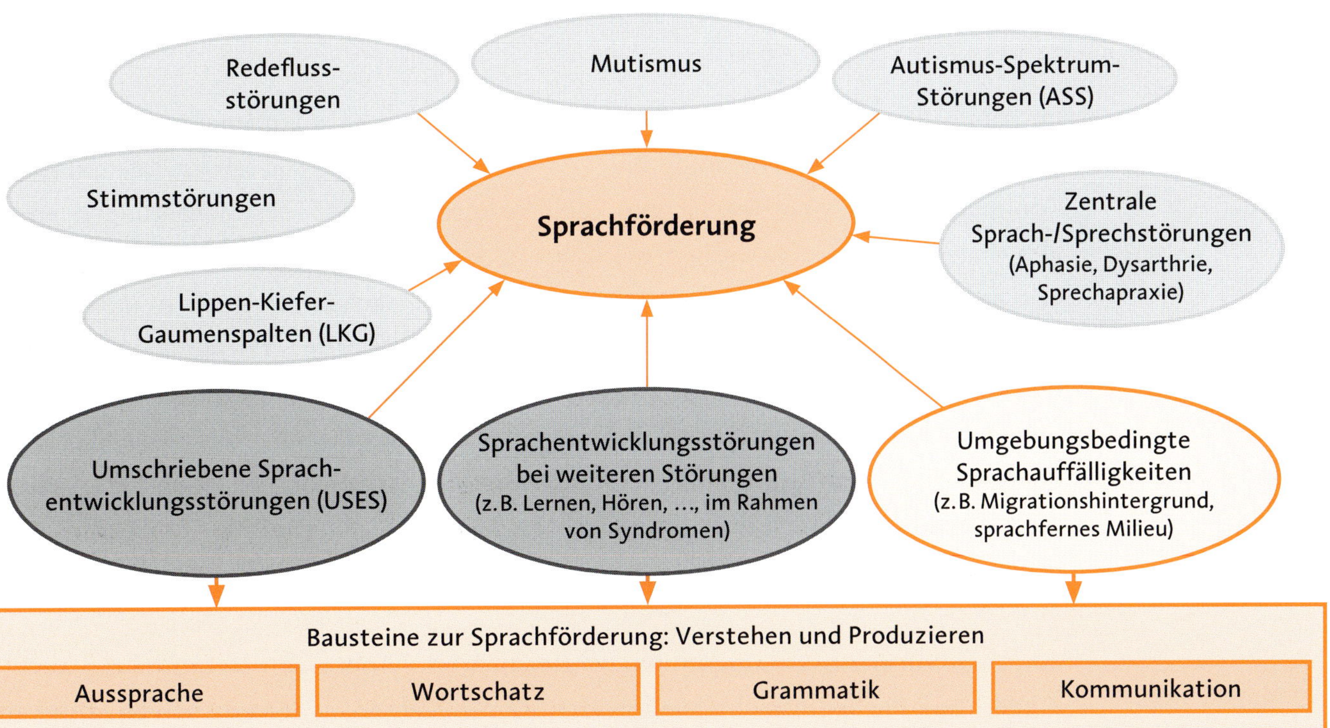

Abb. 2: Überblick zur Einteilung von Sprach- und Sprechstörungen und deren Relevanz für inklusive Settings (bei Stimmstörungen Maßnahmen der Stimmhygiene, nicht Sprachförderung)

Im Folgenden sind die in inklusiven Kontexten besonders häufigen Störungsbilder näher erläutert. Seltenere Störungsbilder wie Schluckstörungen, zentrale Sprech- und Sprachstörungen oder Lippen-Kiefer-Gaumenspalten sind beschrieben bei Mußmann 2012b, Lüdtke/Stitzinger 2017 oder Grohnfeldt 2014.

Kinder mit umgebungsbedingten Sprachauffälligkeiten

ungünstige Bedingungen

Die Sprachentwicklung kann durch ungünstige Umgebungsbedingungen negativ beeinflusst werden (de Langen-Müller et al. 2011), u.a.:

- durch **Anregungsarmut** (wenig Vorlesen, Bilderbuchbetrachten oder sprachliche Kommunikation),
- durch unzureichende **Sprachvorbilder** (keine aktive Kommunikation, eher Fernsehen und Computer) oder
- durch fehlende Quantität und Qualität von sprachlichem **(deutschen) Input** (v.a. bei Mehrsprachigkeit).

Ferner beherrschen Kinder aus sprach- und schriftfernem Milieu oder mit geringerem sozio-ökonomischen Status sowie Flüchtlingskinder häufig die Umgebungssprache zu wenig, vor allem in den Bereichen Wortschatz, Grammatik und Kommunikation mit qualitativ ähnlichen Symptomen wie Kinder mit Sprachentwicklungsstörungen. Normalerweise benötigen sie keine Sprachtherapie, jedoch einen sprachlich optimierten Unterricht.

Kinder mit Sprachentwicklungsstörungen

umschriebene Sprachentwicklungsstörungen (USES)

Im Vorschulalter zeigen ca. 6–8% aller Kinder umschriebene Sprachentwicklungsstörungen (USES), bei denen vorrangig die Sprache (Aussprache, Wortschatz, Grammatik und Kommunikation) betroffen ist und keine anderen Primärbeeinträchtigungen vorhanden sind (z.B. keine organischen, mentalen oder sozio-emotionalen Beeinträchtigungen) (u.a. de Langen-Müller et al. 2011). Man geht bei den Ursachen von einem multifaktoriellen Bedingungsgefüge mit v.a. genetischen Faktoren und einer unzureichenden Verarbeitung und Repräsentation von Sprache aus. Das Umfeld beeinflusst nur moderierend die Ausprägung bzw. Aufrechterhaltung von Störungen. Es werden vorrangig expressive (Sprachproduktion) bzw. vorrangig rezeptive (Sprachverständnis) Sprachstörungen unterschieden. Dabei haben Sprachverständnisstörungen ein höheres Risiko für Schul- und Lernprobleme und werden oftmals nicht oder spät erkannt (u.a. de Langen-Müller et al. 2011).

Sprachentwicklungsstörungen bei weiteren Störungen

Sprachentwicklungsstörungen mit vergleichbaren Symptomen treten häufig auch bei Kindern auf, die Beeinträchtigungen im Hören, im Lernen, in den kognitiven Fähigkeiten oder im sozio-emotionalen Bereich haben. Die Ursachen liegen hier jedoch jeweils in der zugrunde liegenden Beeinträchtigung.

Stimmstörungen

Rauigkeit, Heiserkeit, Behauchtheit

Die Stimme ist das **zentrale Medium**, um sich sprachlich zu äußern. Bei einer Stimmstörung klingt die Stimme über einen langen Zeitraum rau, heiser und/oder behaucht. Die stimmliche Belastbarkeit und der Klang sind eingeschränkt. Kinder mit Stimmstörungen drücken sich hauptsächlich über die Lautstärke aus und weniger über Gestik, Mimik, Körperhaltung und sprachliches Argumentieren (Beushausen 2016). Menschen mit Stimmstörungen werden häufig auch als weniger selbstsicher, intelligent und attraktiv bewertet, sodass sich Stimmstörungen auf das emotionale Befinden und das Selbstwertgefühl auswirken können (Achhammer 2016).

Redeflussstörungen

Zu den Redeflussstörungen zählen Stottern und Poltern.

Stottern

Stottern ist eine komplexe Störung des Redeflusses. Kinder, die stottern, **wiederholen** unfreiwillig Laute (d-d-d-daheim), **dehnen** Laute spannungsvoll (wwwwwwwas) und haben vor oder im Wort **Blockierungen** (–––aber). Auffällig sind meist auch **Begleitsymptome** wie körperliche Mitbewegungen (Verkrampfen, Zucken, Augenblinzeln) oder Vermeide- und Fluchtverhalten (z.B. Vermeiden bestimmter Wörter oder Sprechsituationen wie Vorlesen). Die Häufigkeit und das Ausmaß der Sprechunflüssigkeiten sind sehr situationsabhängig, sodass sich Phasen der Flüssigkeit (z.B. in der Schulpause) mit Phasen stärkeren Stotterns (z.B. bei unerwartetem Aufrufen in der Schule) abwechseln können. Hinweise, wie „Hole tief Luft“, „Sprich langsam“ usw. führen in der Regel zu einer Verstärkung der Symptomatik. Im Vorschulalter stottern etwa 5–8% aller Kinder, wobei davon ca. 60–80% bis zum frühen Schulalter wieder flüssig sprechen. Jungen sind häufiger betroffen als Mädchen (Thum 2011). Da mündliche Leistungen wie lautes Vorlesen, mündliches Abfragen oder Halten von Referaten wichtige Bestandteile des Unterrichts sind, erleben viele stotternde Kinder Schule als psychisch hoch belastend. Sie haben zudem ein erhöhtes Risiko für Mobbing.

Poltern

Kinder, die poltern, sprechen oftmals zu schnell, **verwaschen** und überhastet. Sie zeigen **Sprechunflüssigkeiten** (Pausen, Satzabbrüche, Füllwörter), unangemessene Sprechpausen, **prosodische** Unsicherheiten (monoton oder schwankende Lautstärke) und auffällige **Wort- und Satzstrukturen** (u.a. Laut- und Silbenauslassungen, Wortfindungsprobleme, Auffälligkeiten im Hörer-Sprecher-Wechsel und bei Routinen). Werden Kinder, die poltern, angehalten, sich zu konzentrieren und langsam bzw. deutlich zu sprechen, so verbessert sich kurzfristig die Verständlichkeit (Schneider 2014).

Mutismus

selektiver Mutismus

Mutismus tritt bei Kindern meist als selektiver Mutismus auf und ist eine eher seltene, mit Angst assoziierte Kommunikationsstörung. Sie äußert sich nach vollzogenem Spracherwerb als **Hemmung der Lautsprache gegenüber einem bestimmten Personenkreis**. Selektiv mutistische Kinder sprechen in vertrauten Situationen und mit vertrauten Personen (meist zu Hause im Umfeld) unbefangen, während sie in fremden Kontexten

(v. a. Kindergarten, Schule) bzw. mit unvertrauten Personen (u. a. Lehrkräfte) schweigen, d. h. sie zeigen interindividuell keine lautliche oder nonverbale Reaktion wie Lachen und Weinen. Sie räuspern sich mit maskenhafter Mimik, flüstern nur oder äußern sich knapp mit Ja oder Nein. Das Schweigen ist **keine aktive Verweigerung** des Kindes, sondern eine Blockade (Nicht-Sprechen-*Können*), die das Kind nicht lösen kann. Sprechen einzufordern und Schweigen zu sanktionieren, hilft den Kindern nicht und löst nur das Gefühl aus, nicht verstanden zu werden (u. a. Subellok/Bahrfeck-Wichitill 2016).

Vertiefende Informationen zu Sprachstörungen

Infobroschüren mit Informationen über Erscheinungsbild und Ursachen verschiedener Störungen: Deutsche Gesellschaft für Sprachheilpädagogik e.V. (dgs): www.dgs-ev.de/index.php?id=74

Themenhefte der Zeitschrift „Praxis Sprache“ mit kompakten Grundlageninformationen, Unterrichts- und Förderideen (u. a. Aussprache/phonologische Störungen: Heft 3/2013; Redeflussstörungen: Heft 2/2014; Kommunikation: Heft 1/2015; Stimme: Heft 2/2016; Mutismus: Heft 3/2016). In: https://praxis-sprache.eu

Grundlagenliteratur zur Sprachförderung in inklusiven Settings: Mußmann, J. (2012b): Inklusive Sprachförderung in der Grundschule. Ernst Reinhardt, München; Lüdtke, U., Stitzinger, U. (2017): Kinder mit sprachlichen Beeinträchtigungen unterrichten. Ernst Reinhardt, München

Vertiefung zur Klassifikation von Störungen: Grohnfeldt, M. (Hrsg.) (2014): Grundwissen der Sprachheilpädagogik und Sprachtherapie. Kohlhammer, Stuttgart

Selbsthilfegruppen

Bundesvereinigung Stottern und Selbsthilfe e.V. (www.bvss.de, u. a. mit Informationsbroschüren auch in Türkisch und Russisch, Rechte stotternder Schüler mit Nachteilsausgleich, Fachberatung)

Mutismus Selbsthilfe Deutschland e.V. (www.mutismus.de, u. a. mit Leitlinien für Pädagogen, Nachteilsausgleich) oder StillLeben e.V. (www.selektiver-mutismus.de)

Autismus Deutschland e.V. (www.autismus.de, u. a. Leitlinien zur inklusiven Beschulung, rechtliche Grundlagen)

Diagnostik und Unterrichtsbeobachtung

Beobachtungsbögen für den Unterricht: Reber, K., Schönauer-Schneider, W. (2018a): Kompetenzprofile Sprache. Ernst Reinhardt, München. In: www.reinhardt-verlag.de/_pdf_media/02486_TabellenBausteine.pdf

Kostenloser Bogen zur Erfassung der Sprachen eines Kindes: Ritterfeld, U., Lüke, C. (2011): Mehrsprachen-Kontexte 2.0. In: www.sk.tu-dortmund.de/media/other/Mehrsprachen-Kontexte.pdf

Themenheft der Zeitschrift Praxis Sprache Heft 4/2015: Sprachentwicklungsdiagnostik

Überblick über Grundlagen und Verfahren im Bereich Sprachdiagnostik: Spreer, M. (2018): Diagnostik von Sprach- und Kommunikationsstörungen. Methoden und Verfahren für das Kindesalter. Ernst Reinhardt, München

2 Welche Barrieren ergeben sich in der Schule?

Sprachliche Auffälligkeiten können zu vielen Barrieren im Lernen und in der Kommunikation im inklusiven Unterricht führen. Im Folgenden sind allgemeine und sprachliche Barrieren für einzelne Unterrichtsfächer bzw. Anforderungen im Unterricht erläutert. Zudem wird auf sozio-emotionale Folgen und mögliche Unterstützungsmaßnahmen eingegangen.

Sprache als Lerngegenstand und Medium

In der Schule ist Sprache Lerngegenstand und Medium zugleich: Im Unterricht dominieren Erklärungen und Anweisungen der Lehrkraft, Unterrichtsgespräche, Gespräche in Gruppen- und Partnerarbeiten, Textarbeit und vor allem Bildungssprache (Kap. 3, Unterricht), sodass sich für Kinder mit Sprachstörungen zahlreiche Barrieren ergeben. Diese können in den Rahmenbedingungen, im sprachlichen, aber auch im sozial-emotionalen Bereich liegen.

allgemeine Barrieren

Allgemeine Barrieren sind z. B. (Mußmann 2012 a):

- **Räumliche, akustische Barrieren:** Nebengeräusche, starker Reflexionsschall
- **Dynamische, selbstgesteuerte** und **offene Unterrichtsformen** mit hohem Anteil von Hintergrundgeräuschen und kommunikativer Eigenaktivität
- **Sprachliche** und **kommunikative Erwartungshaltungen** der Lehrkraft und sprachlich altersgemäß entwickelter Mitschüler mit möglichen negativen Kommentaren zu sprachlichen Beeinträchtigungen
- **Fehlende Aufmerksamkeitslenkung im Unterricht:** Studien belegen, dass Kinder mit Sprachstörungen gehäuft Aufmerksamkeitsdefizite haben (u. a. Noterdaeme 2010), sodass sie schneller ermüden. Dazu kommen Ablenkungen durch fehlende Unterrichtsstrukturierung.

In der Inklusion sollte Aufmerksamkeit gefördert werden:

- Konzentrationspausen einplanen, Unterricht kurzphasig planen, sprachliche und nichtsprachliche Kanäle wechseln
- Klare Strukturen verwenden (u. a. Rituale, Piktogramme) und Aufmerksamkeit sichern (Kap. 4.3)
- Hilfreiche Wahrnehmungsbedingungen schaffen (u. a. Raumakustik, Lehrersprache Kap. 4.1, 4.4)

Tab. 2: Beispiele für sprachliche Anforderungen in ausgewählten Unterrichtsfächern

Unterrichtsfach	Sprachliche Anforderung
Deutsch 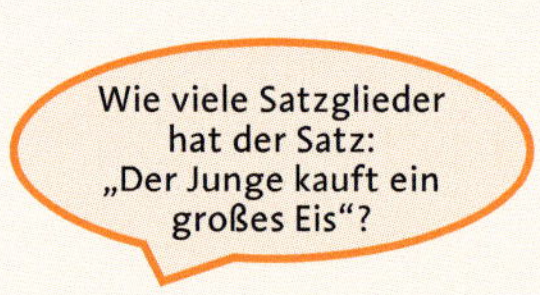	**Diskursiv:** Schriftspracherwerb (Lesen und Schreiben), explizites Wissen zu sprachlichen Regeln (Grammatik, Wortbildung), Lese- und Schreibkompetenz, Nacherzählen, Diskutieren, Argumentieren, … **Fachwortschatz:** Satz, Wortfamilie, Akkusativ, Präteritum, Subjekt, …
Mathematik 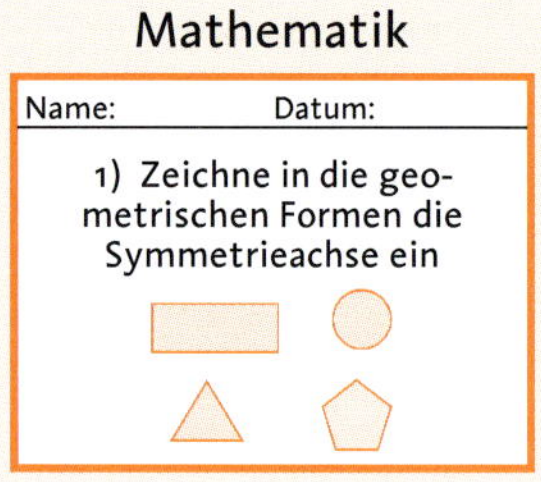	**Diskursiv:** Raum-Lage-Beziehungen versprachlichen, Textaufgaben mit komplexem Wortschatz und komplexer Grammatik mit Auswirkungen auf das Aufgabenverständnis, … **Fachwortschatz:** Plus, Rechenbaum, Division, Quader, Symmetrieachse, Winkel, „größer als", …

sprachliche Barrieren

Sprachliche Anforderungen, die zu Barrieren führen können, entstehen nicht nur in Deutsch, sondern in allen Unterrichtsfächern durch die Notwendigkeit von Bildungssprache. Diese ist gekennzeichnet durch spezifische Kommunikationsformen (z.B. Stilkonventionen, Textsorten), Gebrauch spezieller Fachbegriffe oder typischer Satzformulierungsweisen (Gogolin/Lange 2011; Sallat/Schönauer-Schneider 2015; Tab. 2).

Kinder mit verschiedenen sprachlichen Auffälligkeiten stoßen in jeweils unterschiedlichen Lernbereichen auf Barrieren (Tab. 3). In der Tabelle wird deutlich, dass besonders bei Auffälligkeiten im Wortschatz und in der Grammatik hohe Anforderungen bzw. oft Barrieren bestehen. Zu diesen beiden Bereichen sollten daher unbedingt Sprachfördermaßnahmen in den Unterrichtsalltag integriert werden (Kap. 5).

Tab. 3: Sprachliche Auffälligkeiten (z.B. „Aussprache"), die in verschiedenen Lernbereichen zu Barrieren führen können (z.B. Schriftspracherwerb) (in Anlehnung an Sallat/Schönauer-Schneider 2015)

Lernbereiche	Aussprache	Wortschatz	Grammatik	Kommunikation	Mutismus	Stottern	Stimme
Schriftspracherwerb	x	(x)	(x)	(x)			
Rechtschreiben	x						
Vorlesen/Vortragen	x				(x)	x	x
Mündl. Kommunikation verfolgen (Unterrichtsgespräch, Diskussion)		x	x	x			
Mündl. Kommunikation – aktive Teilnahme	x	x	x	x	x	x	x
Verstehen von verbalen Anweisungen		x	x	(x)			
Verstehen von Texten		x	x	x			
Erwerb und Verwendung neuer Begriffe/Fachwortschatz	x	x	x				
Versprachlichen/Verschriften von Sachverhalten/Texten		x	x	x			

Sprachliche Barrieren führen häufig zu unbefriedigender Kommunikation, sodass sie sich auf den sozial-emotionalen Bereich auswirken können. Studien belegen zudem, dass sprachliche Auffälligkeiten häufig mit Verhaltensauffälligkeiten einhergehen oder diese begünstigen können (Rißling et al. 2015).

sozial-emotionale Barrieren

Unter anderem erleben sprachauffällige Kinder emotionale Unsicherheiten und Missverständnisse sowie Mobbing/Bullying durch Mitschüler, sodass die psychisch-emotionale Belastung in der Inklusion besonders stark sein kann. Kinder mit Sprachstörungen schneiden auch häufig in den Schulleistungen schlechter ab als Mitschüler, da Sprache in allen Fächern gefordert wird. Dies wirkt sich auf das Selbstwertgefühl der Kinder aus und gegebenenfalls auf das Verhalten. Hier können externalisierende (Störverhalten, Klassenclown) oder internalisierende Verhaltensweisen (sozialer Rückzug, Depression) auftreten.

Empfehlungen zur sozialen und emotionalen Integration:

- Aufklären und Sensibilisieren, z.B. mithilfe von Bilderbüchern: Thema „jeder kann etwas besonders gut – nicht alle können alles gleich gut“: Weninger, B., Tharlet, E. (2005): Einer für Alle – Alle für Einen! minedition. Neugebauer, Kiel
- Selbstwertgefühl stärken (kleinschrittiges Arbeiten mit Erfolgserlebnissen, gezieltes Loben, positiver statt negativer Verstärkung, Herausarbeiten von Stärken)
- Sprech- oder Sprachstörung thematisieren (anhand von Unterrichtsstunden, z.B. Schaber, I. (2013): Unterrichtsstunde zum Thema Stottern. Praxis Sprache 58(2) 107–108; mit Arbeitsblättern im Download)
- Entspannte Lernsituationen gestalten (offener Unterricht, Helfersystem, Hausaufgabensituation, …)

3 Welche Kooperationen und Hilfestellungen gibt es?

Die Inklusion sprachbeeinträchtigter Kinder stellt Lehrkräfte vor hohe Herausforderungen, die nur durch Kooperation und Vernetzung erfolgreich bewältigt werden können. Im folgenden Kapitel werden dazu die Bereiche Zusammenarbeit mit den Eltern, sonderpädagogische Unterstützungsangebote, gemeinsames Unterrichten, Nachteilsausgleich bzw. Notenschutz, Sprachtherapie sowie Sprachförderangebote für Kinder mit Migrationshintergrund angesprochen.

allgemeines Bildungsziel

Durch die Lehrpläne ist Sprachförderung für alle Kinder fächerübergreifend als allgemeines Bildungsziel verankert. Rechtliche Grundlagen sind die UN-Konvention über die Rechte behinderter Menschen 2006 sowie der KMK-Beschluss zu Inklusion 2011.

3.1 Kooperation und Vernetzung

Zusammenarbeit

Nur durch gezielte Zusammenarbeit sowie individuelle Unterstützungsmaßnahmen ist ein optimales Lernen für Kinder mit sprachlichen Beeinträchtigungen in der Inklusion möglich. Je nach individuellen Ressourcen und Barrieren können bestimmte Kooperationen hilfreich sein (Abb. 3).

Abb. 3: Mögliche Kooperationen bei sprachlich beeinträchtigen Kindern in der Inklusion

> Rechtliche Basis für einen gegenseitigen Informationsaustausch ist eine Schweigepflichtsentbindung der Eltern. Es empfiehlt sich, diese zu Beginn des Schuljahres für alle Kooperationspartner einzuholen. In Schulen existieren meist vorgefertigte Formulare, die die rechtlichen Bestimmungen umsetzen.

Fragen zur Vorbereitung

Wird ein Kind mit Sprachbeeinträchtigungen inklusiv beschult, helfen folgende organisatorische Leitfragen:

- Wie viele Förderstunden gibt es verlässlich für einzelne Kinder bzw. für die Klasse?
- Unterstützt ein Sonderpädagoge mit dem Schwerpunkt Sprache die Inklusion? Wenn nicht, wer dann?
- Gibt es die Möglichkeit einer Beratungsstunde für die beteiligten Lehrkräfte?
- Verfügt die Schule über Gruppenräume bzw. spezielles Förder-/Therapiematerial für Einzel- und Kleingruppenförderung?
- Ist eine Zusammenarbeit mit den Eltern bzw. der Nachmittagsbetreuung möglich und wie kann diese ablaufen?

- Welche weiteren Fachdienste können die Inklusion unterstützen (Sprachtherapeuten, …)?
- Welcher Nachteilsausgleich und welche individuellen Unterstützungen sind sinnvoll und notwendig?

3.2 Zusammenarbeit mit den Eltern

Am wichtigsten ist stets die Zusammenarbeit mit den Eltern. Folgende Aspekte können Inhalte des Austausches und der Zusammenarbeit mit den Eltern sein:

Austausch und Beratung

- Bisheriger Verlauf der Sprachentwicklung, bisherige diagnostische Ergebnisse und Fördermaßnahmen
- Grundlegende Informationen zu Sprachstörungen (Tipps am Ende von Kap. 1)
- Rückmeldungen zum aktuellen Sprachstand des Kindes und zu aktuellen Lernentwicklungen (u. a. im Bereich Sprache)
- Beratung bzgl. schulischer und außerschulischer Unterstützungs- und Förderangebote, sonderpädagogischer Angebote, häuslicher Fördermöglichkeiten und/oder der Hausaufgabensituation etc.

Informationsangebote

Besteht bereits eine Kooperation mit einem Sonderpädagogen bzw. idealerweise einem Sprachheilpädagogen, empfehlen sich Elterngespräche im Team.

Elternabend

> Besuchen viele Schüler mit Förderschwerpunkt Sprache oder auch mit Migrationshintergrund eine Schule, kann es hilfreich sein, einen Elternabend zum Thema Sprache zu gestalten, evtl. gemeinsam mit dem zuständigen Sonder-/Sprachheilpädagogen. Ein exemplarisches Konzept beschreibt Rodrian (2009). Grundlegende Informationen zur Sprachentwicklung finden sich bei Wendlandt (2015, z. B. „Sprachbaum“).

3.3 Sonderpädagogische Angebote

Formen

In den einzelnen Bundesländern in Deutschland existieren verschiedene sonderpädagogische Unterstützungsangebote (Tab. 4).

Je nach Bundesland gibt es Förderschulen mit Förderschwerpunkt Sprache („Sprachheilschulen“) und/oder förderschwerpunktübergreifende Förder(schul)zentren (teilweise auch „Bildungs- und Beratungszentren“ genannt) für Kinder mit Förderbedarf Lernen, Sprache und sozial-emotionale Entwicklung (Überblickskarte der Bundesländer vgl. dgs-Infoheft Inklusion 2016). Hier werden Kinder mit sonderpädagogischem Förderbedarf auf Wunsch der Eltern aufgenommen und intensiv gefördert, basierend auf einer spezifischen, sonderpädagogischen Diagnostik.

Tab. 4: Sonderpädagogische Unterstützungsangebote

<table>
<tr><th colspan="4">Sonderpädagogische Unterstützungsangebote</th></tr>
<tr><td>Einzelinklusion
eines einzelnen Schülers in einer Klasse an einer Regelschule, betreut durch die Mobilen Sonderpädagogischen Dienste (MSD)</td><td>Regelschulen mit Schulprofil Inklusion
Inklusion mehrerer Schüler mit Förderbedarf an einer Schule, betreut durch einen Sonderpädagogen, der fest an der Schule ist</td><td>Inklusionsklassen an Regelschulen
(Mehrere) Kinder mit, aber auch ohne sonderpädagogischen Förderbedarf werden gemeinsam von Regel- und Sonderpädagogen unterrichtet</td><td>Förderschule/Förderzentrum, evtl. mit Beratungsstelle
Kinder mit sonderpädagogischem Förderbedarf besuchen (zeitweise) eine Förderschule/ein Förderzentrum (idealerweise mit Förderschwerpunkt Sprache), werden unterrichtet von einem Sonderpädagogen (bzw. Sprachheilpädagogen).</td></tr>
<tr><td colspan="3">Mobile Sonderpädagogische Dienste (MSD)
Sonderpädagogen, die inklusive Angebote an Regelschulen unterstützen und mobil im Einsatz sind</td><td>Beratungsstellen bieten Beratung für Eltern und Lehrkräfte, teilweise auch Fortbildungen bzw. Diagnostik und Intervention an.</td></tr>
</table>

Beratungsstellen

Viele dieser Förderzentren/-schulen haben auch eine Beratungsstelle angegliedert, in der Lehrer der Schule (Sonderpädagogen oder spezifisch ausgebildete Sprachheilpädagogen) Beratung für Eltern und Lehrkräfte anbieten sowie Diagnostik und teilweise auch in kleinem Umfang Interventionen durchführen. Auch Fortbildungsangebote für Schulen im Umkreis werden organisiert.

Kernaufgaben Mobiler Sonderpädagogischer Dienste (MSD)

In Regelschulsettings (hellorange) werden Regelschullehrkräfte durch Sonderpädagogen in Form von Mobilen Sonderpädagogischen Diensten (MSD, Bezeichnung variiert in den einzelnen Bundesländern) unterstützt. Deren Kernaufgaben sind:

- **Diagnostik:** Koordination und Unterstützung bei Unterrichtsbeobachtungen/Gruppenverfahren im Bereich Sprache (Kap. 1), evtl. Durchführung von Einzeltestverfahren, Einbezug von sprachtherapeutischer oder kinder- und jugendpsychiatrischer Diagnostik, Erstellung einer Übersicht über Fähigkeiten und Barrieren der Inklusionsklasse, sonderpädagogische Diagnostik, Gutachtenerstellung, evtl. Feststellung des sonderpädagogischen Förderbedarfs (falls ein Wechsel in eine Förderschule angedacht ist), Unterstützung bei der Förderplanung.
- **Beratung:** Information/Aufklärung der Eltern, Lehrkräfte, Mitschüler und von weiterem Personal zu Themen wie Sprache und Kommunikation, möglichen Beeinträchtigungen und Auswirkungen auf das Lernen sowie Unterstützungsmöglichkeiten, evtl. mit Einbezug von Beratungsstellen oder Selbsthilfeorganisationen
- **Förderung – Therapie:** Je nach individuellen sprachlichen Auffälligkeiten des Kindes und der eigenen Ausbildung (nicht jeder Sonderpädagoge im mobilen Dienst ist spezifisch für Sprachförderung/Sprachtherapie ausgebildet) unterstützt und koordiniert der Sonderpädagoge den Abbau von Sprachbarrieren (z.B. Adaption von Texten, Kap. 4.3) und die spezifische Sprachförderung im Unterricht bzw. eine außerschulische Einzelsprachtherapie durch einen Sprachtherapeuten/Logopäden, sodass im Idealfall alle Beteiligten an den gleichen sprachlichen Zielen arbeiten (z.B. Anbahnung und Sicherung eines Lautes).

3.4 Unterricht

Sprachförderung kann zum einen additiv bzw. separat vom Regelunterricht stattfinden, z.B. in Form von Vorkursen, Übergangsklassen, Sprachfördergruppen oder Sprachtherapie, wenn genügend personelle Ressourcen gegeben sind. additiv

Zum anderen sollte sie stets auch alltagsintegriert im Sinne eines Sprachbads bzw. allgemeiner sprachlicher Bildung gestaltet werden. In einer alltagsorientierten Sprachförderung werden Kinder im Spracherwerb u.a. durch den sprachlich reichhaltigen und anregenden Input unterstützt (u.a. Sprachvorbild der Lehrkraft, Kap. 4.4), der in der Umgangs- und Bildungssprache am besten in jeder Unterrichtsstunde präsentiert wird. alltagsintegriert

Gemäß des „Primats der Sprachlernprozesse" sollte Sprachförderung in allen Fächern und Lehrplanbereichen unterrichtsimmanent und kontinuierlich stattfinden.

Konzepte hierfür finden sich anhand der Schlagworte „alltagsintegrierte Sprachförderung" (z.B. Kucharz et al. 2015), „Bildungssprache" bzw. „durchgängige Sprachbildung" (z.B. Gogolin/Lange 2011) oder „sprachsensibler Fachunterricht" (z.B. Leisen 2015).

Bei mehrsprachigen Kindern oder Kindern aus anregungsarmem Milieu reicht eine derartige **allgemeine Sprachförderung** meist aus (Beispiele Kap. 5). Kinder mit spezifischen Störungen benötigen jedoch eine **diagnosegeleitete, sprachheilpädagogische Intervention im Unterricht** (d.h. sprachtherapeutischen Unterricht, Reber/Schönauer-Schneider 2018 a), oftmals in Kombination mit **außerschulischer Sprachtherapie.**

In vielen Fällen ist es auch möglich, dass der Sprachheilpädagoge in der Inklusion bei der Unterrichtsgestaltung unterstützt, z.B. bei der Auswahl und Erstellung von Materialien oder im gemeinsamen Unterricht. Für das gemeinsame Unterrichten bzw. Team-Teaching bieten sich verschiedene Formen an (Abb. 4). gemeinsamer Unterricht

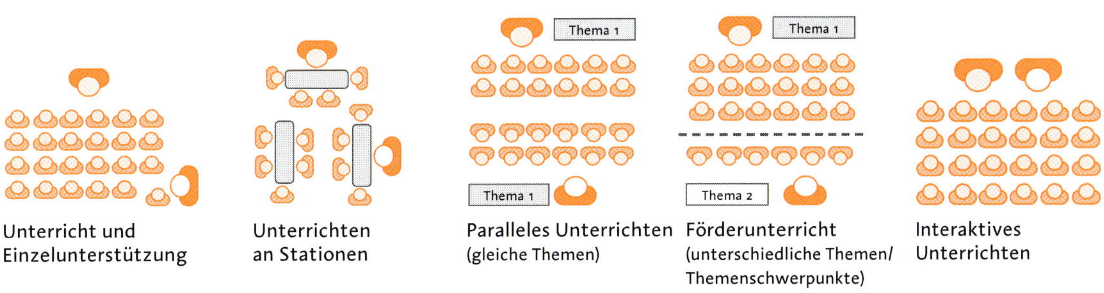

Abb. 4: Formen für gemeinsames Unterrichten (in Anlehnung an Reber 2014)

Ein Beispiel für die Umsetzung einer gemeinsamen Unterrichtsstunde zum Dativerwerb findet sich bei Bauer et al. 2013. Der Artikel ist mit Download frei zugänglich unter: www.dgs-ev.de/fileadmin/bilder/Themenheft_Inklusion/Heft_4-2013_39-42_Bauer_Fraas_Schlesinger_Kooperative_Sprachfoerderung.pdf

Gelingensbedingungen

Zentral für das Gelingen des Team-Teachings ist eine Kooperation auf Augenhöhe, in die beide Lehrkräfte gleich wichtige Expertisen einbringen und voneinander lernen. Beide sind verantwortlich für Lernprozesse. In einem professionellen Team müssen Personen-, Beziehungs- und Sachebene klar reflektiert sowie gegenseitige Erwartungen (z.B. Beratung, Förderung) und Zuständigkeiten (z.B. Diagnostik, Förderplan, Förderung, Unterrichtsrollen) zu Beginn geklärt werden (Mußmann 2012b).

→ Bei der Unterrichtsplanung helfen folgende Leitfragen:

- Welche sprachlichen Auffälligkeiten führen in der geplanten Stunde zu Lernbarrieren und wie können diese abgebaut werden?
- Wie kann spezifische Sprachförderung in das Unterrichtsthema integriert werden?
- Welche Unterrichtsform eignet sich und wie werden die Lehrerrollen verteilt (z.B. paralleles/interaktives Unterrichten)?
- Welche Medien werden benötigt bzw. wie müssen diese zur Beseitigung von Barrieren adaptiert werden?

3.5 Nachteilsausgleich und Notenschutz

Reichen diese individuellen Unterstützungsmaßnahmen nicht aus, kann je nach Bundesland und dort anerkannter Beeinträchtigung (z.B. bei Stottern, Mutismus, Autismus, Lese-Rechtschreibstörung, …) zusätzlich von den Eltern Nachteilsausgleich bzw. Notenschutz beantragt werden (Abb. 5). Grundlage dafür ist Artikel 3 (3) des Grundgesetzes, der besagt: „Niemand darf wegen seiner Behinderung benachteiligt werden“.

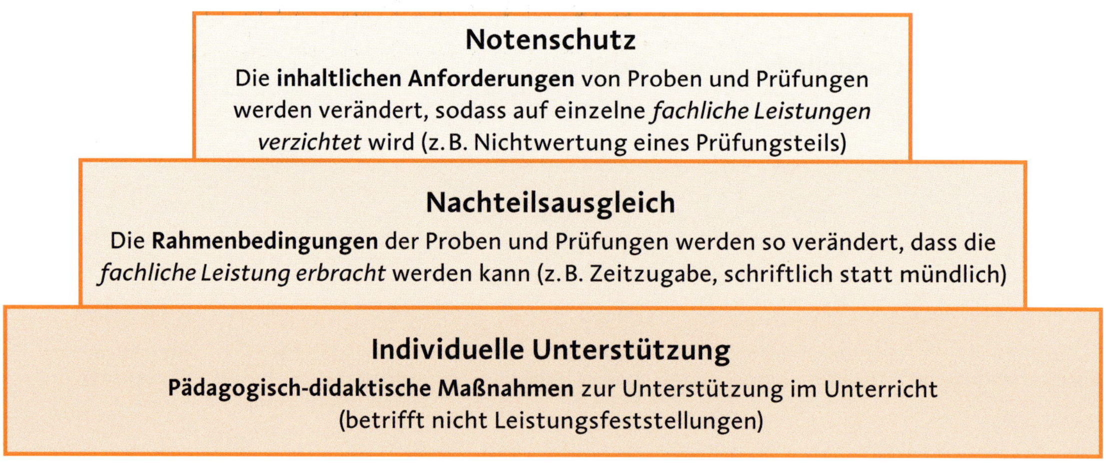

Abb. 5: Hierarchie der Maßnahmen: individuelle Unterstützung als niedrigschwelligstes Angebot, Notenschutz als höchstes (in Anlehnung an Bayerisches Staatsministerium für Bildung und Kultus 2016)

Nachteilsausgleich und Notenschutz

Maßnahmen zum Nachteilsausgleich und zum Notenschutz werden regelmäßig dokumentiert und überprüft (Art, Umfang), da durch eine eventuelle Dokumentationspflicht im Zeugnis auch langfristige Auswirkungen bestehen können.

Beispiele für Maßnahmen des Nachteilsausgleichs und Notenschutzes im Förderschwerpunkt Sprache:

- zeitliche Modifikation von schriftlichen Proben/Prüfungen: Zeitzugabe von bis zu 50 v.H., evtl. zusätzliche Übungsaufgabe zur Verdeutlichung der Aufgabenstellung
- zeitliche Modifikation von mündlichen Proben/Prüfungen: längere Vorbereitungszeit, Zeitzugabe beim Vorlesen oder mündlichen Vortragen (v.a. Redeflussstörungen)
- Modifikation der Aufgabenstellung in Proben/Prüfungen: z.B. sprachliche Adaption von Anweisungen/Texten durch Textoptimierung (Kap. 4.3), schriftliche Aufgabenstellungen anstelle von mündlichen bzw. schriftliche Aufgabenstellung zusätzlich vorlesen lassen, zusätzliche Begriffsklärungen
- Modifikationen für mündliche Leistungen: örtliche Variation bei Referaten (nicht vor der Klasse, sondern am Platz oder nur vor einer kleinen Gruppe bzw. durch ein Video), Melden vereinbaren (z.B. Schüler nur aufrufen, wenn er sich meldet, v.a. bei Redeflussstörungen oder Mutismus)
- kompletter Verzicht auf die Bewertung mündlicher Leistungen

Das Institut für Textoptimierung bietet z.B. eine Optimierung von Prüfungsaufgaben an: www.ifto.de/textoptimierte-pruefungen

Ein Fragebogen zur individuellen Gewährung von Nachteilsausgleich bei Stottern (nach Neidlinger et al. 2016) findet sich zum Download unter: www.verlag-modernes-lernen.de/pdf/Zusatzmaterial/spf4_16.pdf

3.6 Sprachtherapie/Logopädie

Bei Verdacht auf umfänglichere Beeinträchtigungen sollte dringend eine sonder- bzw. sprachheilpädagogische und/oder sprachtherapeutische Diagnostik erfolgen, um zu klären, ob zusätzliche Sprachtherapie und/oder sogar der Wechsel an eine Förderschule/Förderzentrum anzuraten ist.

In Deutschland erhalten ca. 12,6 % der Kinder zwischen 5 und 9 Jahren (Jungen: 15,2 %; Mädchen: 9,9 %) zusätzlich Sprachtherapie (AOK 2016, 5).

Verordnung: Rezept

Sprachtherapie wird in Deutschland auf der Basis der Heilmittelrichtlinien von den Krankenkassen bezahlt und muss vom Kinder- oder HNO-Arzt verordnet werden. Sie ist also keine Leistung des Bildungs-, sondern des Gesundheitssystems. Durchgeführt wird sie im Bereich der Kindersprache meist von selbstständigen Sprachtherapeuten oder Logopäden in freien Praxen, aber auch unter dem Dach von Kliniken oder (heilpädagogischen) Einrichtungen.

3.7 Angebote bei Migrationshintergrund

Je nach Bundesland existieren unterschiedliche Angebote für Kinder mit Migrationshintergrund bzw. Flüchtlingskinder, die Sprachförderung fokussieren (Begriffe variabel):

- **Vorkurse Deutsch:** Diese sind ein vorschulisches Angebot von Kindertageseinrichtung und Grundschule für Kinder aus Familien mit Migrationshintergrund.
- **Integration in den Regelunterricht:** Diese findet an Regel- und Berufsschulen, teilweise mit zusätzlichen Deutschförderkursen bzw. Deutschförderklassen statt.
- **Muttersprachlicher/herkunftssprachlicher Unterricht:** Dieser Unterricht ist in einigen Bundesländern für mehrsprachige Schüler möglich.
- **Übergangs-/Vorbereitungs-/Willkommensklassen:** Es handelt sich um Klassen an Grund- und Mittelschulen mit intensiven Unterstützungsangeboten für Flüchtlingskinder.

Kooperation in inklusiven Settings

Kostenloses Themenheft Inklusion zum Bereich Sprache: www.dgs-ev.de/index.php?id=596

Rügener Inklusionsmodell (RIM) der Universität Rostock: www.rim.uni-rostock.de

Projekt „Kooperative Sprachförderung" (KSF) der Regierung von Oberbayern: Artikel mit Praxismaterialien: www.dgs-ev.de/fileadmin/bilder/Themenheft_Inklusion/Heft_4-2013_39–42_Bauer_Fraas_Schlesinger_Kooperative_Sprachfoerderung.pdf

Praxis-Handreichung „Kooperative Sprachförderung" nach Kazianka-Schübel: www.dgs-ev.de/fileadmin/bilder/Themenheft_Inklusion/Kazianka_Schuebel_KSF_ps_2013_04.pdf

Theoretisches Werk mit Umsetzungsbeispielen zur Inklusion im Förderschwerpunkt Sprache: Grohnfeldt, M. (Hrsg.) (2015): Inklusion im Förderschwerpunkt Sprache. Kohlhammer, Stuttgart

Filmbeispiele für Angebote zur Sprachförderung und sprachtherapeutischem Unterricht in inklusiven Settings oder Förderschulen

Film zu sprachheilpädagogischen Angeboten: Regierung von Oberbayern/Mayer-Lengsfeld, L. (2014): Hören, Sprechen und Verstehen. Sprachförderung macht stark. Sprachheilpädagogische Kompetenz an Sonderpädagogischen Förderzentren in Oberbayern: www.km.bayern.de/eltern/meldung/4248/sprachfoerderung-macht-stark.html

Film zu sprachheilpädagogischen Angeboten der Deutschen Gesellschaft für Sprachheilpädagogik e.V.: www.dgs-ev.de (nach unten scrollen)

Praxismaterialien und Handreichungen zu Sprachbildung, alltagsintegrierter Sprachförderung, sprachsensiblem Fachunterricht etc.

Bildungsserver Berlin-Brandenburg/LISUM Berlin: Sprachbildung: http://bildungsserver.berlin-brandenburg.de/themen/sprachbildung; sonderpädagogische Förderung: http://bildungsserver.berlin-brandenburg.de/sonderpaedagogik (z.B. Handreichung sonderpädagogische Förderung Sprache, Handreichung zum (Grund-)Wortschatzlernen, DAZ-Handreichung, Projekt ErzählZeit)

LI Hamburg: www.li.hamburg.de (z.B. Handreichungen „Durchgängige Sprachbildung“, „Sprachbildung durch kooperative Lernformen“, „Sprachförderung in Bewegung“, Konzept „Grammatisches Geländer“(DAZ), Unterrichtseinheiten für Flüchtlingskinder

Infobroschüre Stottern im Unterricht: www.isb.bayern.de/download/1878/stotterbrief_web.pdf

Projekt PIKAS der Universität Dortmund: Sprachförderung im Mathematikunterricht: Fortbildungs-, Unterrichts- und Informationsmaterialien, inkl. vieler Videobeispiele: http://pikas.dzlm.de/node/624

Projekt Förderung von Kindern und Jugendlichen mit Migrationshintergrund (FörMig) inkl. vieler Materialien und Handreichungen: www.foermig-berlin.de/materialien.html

4 Wie lässt sich gemeinsamer Unterricht optimieren?

Grundlagen und Kleintechniken

In diesem Kapitel werden Rahmenbedingungen, Unterrichtsprinzipien und Kleintechniken beschrieben, die grundlegend für einen guten Unterricht mit Schülern sind, die einen Fokus im Bereich Sprache benötigen. Besonders zentral für alle diese Kinder und Jugendlichen ist eine bewusste Gestaltung der Lehrersprache. Hier gilt es

- allgemeine Merkmale der Lehrersprache zu optimieren,
- Impulstechniken einzusetzen (Sachimpulse, verbale/nonverbale Impulse),
- Fragetechniken auf die Lerngruppe abzustimmen (offene/geschlossene Fragen) und
- v.a. vorausgehende, aber auch nachfolgende Modellierungstechniken einzusetzen.

Abschließend wird reflektiert, wie sich die genannten Aspekte in offenen bzw. geschlossenen Unterrichtsformen umsetzen lassen.

4.1 Rahmenbedingungen optimieren

Raumakustik

Im inklusiven Unterricht benötigen Kinder mit Sprachstörungen Rahmenbedingungen, die Sprechen und Zuhören begünstigen. Dazu gehören:

- **möglichst geringer Hintergrundgeräuschpegel** mit entsprechender Stimmlautstärke des Sprechers (u.a. Vermeiden von Störgeräuschen und Förderung des Zuhörens)
- **geringe Nachhallzeit** (z.B. durch Schallschutzdecken, schallabsorbierende Wandelemente bzw. Teppichböden, Kissen, Gardinen, wobei Brandschutz- und Hygienebestimmungen beachtet werden müssen)
- **geringer Abstand zwischen Sprecher und Hörer** (Oelze 2016)

> Erarbeiten Sie gemeinsam mit den Kindern, wo **Störgeräusche** auftreten und wie sie diese vermindern können (z.B. Filzgleiter an Stühlen und Tischen anbringen; Trainieren von leisem Blättern, Tür- bzw. Schrankschließen, Stift ablegen; quietschende Scharniere ölen).
>
> In manchen Fällen helfen **„Lärmampeln“** (oder Lärmampel-Apps), die den aktuellen Geräuschpegel messen und über die Ampelfarben anzeigen, ob der Geräuschpegel niedrig, bedenklich oder gefährlich ist.

Sitzordnung

Kinder mit Sprachstörungen profitieren davon, wenn sie Blickkontakt zur Lehrkraft und zu den Schülern haben. Auch ein geringer Abstand zum Sprecher ist hilfreich. Deshalb eignen sich für den inklusiven Unterricht U- und L-Sitzordnungen, wobei die betroffenen Kinder möglichst weit vorne und nah beim Lehrer sitzen sollten.

Raumplanung

Für offene Unterrichtsformen wird die Sitzordnung oft aufgelöst, um individuelle Lerngruppen zu bilden. Je mehr Gruppen in einem Raum miteinander sprechen, umso mehr „Störgeräusche“ können für Einzelne entstehen, wenn diese einen zu geringen Abstand zueinander haben. Dies lässt sich durch die Nutzung von zusätzlichen Flächen oder Räumen (z.B. Nische am Flur, Gruppenraum) vermeiden, wobei auf die Einhaltung der Aufsichtspflicht zu achten ist.

4.2 Unterrichtsprinzipien

Kommunikatives Milieu

Würdigung sprachlicher Äußerungen

Kinder mit Sprachstörungen benötigen ein kommunikatives Milieu, das auch kleine sprachliche Äußerungen der Kinder oder mimisch-gestische Reaktionen positiv würdigt. Zusätzlich helfen klare Gesprächsregeln, Sprache ausreichend zu verstehen und genug Zeit für Äußerungen zu haben.

Gesprächsregeln

Gesprächsregeln sollten positiv und klar formuliert sowie kommunikativ bedeutsam sein (im Überblick Abb. 6):

- Ich höre gut zu.
- Ich bin leise.
- Ich melde mich.

Abb. 6: Piktogramme für Gesprächs-, Zuhör- und Monitoring-Regeln im Klassenzimmer (Reber/Steidl 2016b, dort findet sich auch eine ausführliche Darstellung von Piktogrammen als Download)

Auf Gesprächsdisziplin sollte man besonders achten. Das Beschränken auf eine Regel für einen bestimmten Zeitraum (z.B. Gesprächsregel der Woche, Auswahl einer Regel für eine bestimmte Unterrichtsstunde: „Ich melde mich“) erleichtert den Schülern das Einhalten.

> Eine beispielhafte Umsetzung von **Wochenregeln** ist der Sozialzielekatalog nach Weidner (www.soziale-kinder-lernen-besser.de) oder das TeamPinBoard nach Kleindiek (www.teampinboard.de).

Zuhörförderung

Bei der Gesprächsregel „Ich höre gut zu“ ist oftmals eine gezielte kleinschrittige Erarbeitung nötig. Zuhören ist ein aktiver Prozess, den Kinder mit Sprachstörungen selten von sich aus beherrschen. Deshalb ist es wichtig, Kindern Zuhörstrategien zu vermitteln, die sich teilweise bereits in allgemeinen Gesprächsregeln finden (Abb. 6):

- Ich sitze gut.
- Ich schaue den Sprecher an.
- Ich denke mit.

> Weitere Beispiele zum Zuhören finden sich u.a. bei der Stiftung Zuhören (www.stiftung-zuhoeren.de).

Als Voraussetzung für ein gutes Zuhören kann auch die „Give-me-Five“-Regel (in Anlehnung an Weidner 2016 und Kleindiek 2005) verwendet werden (Abb. 7).

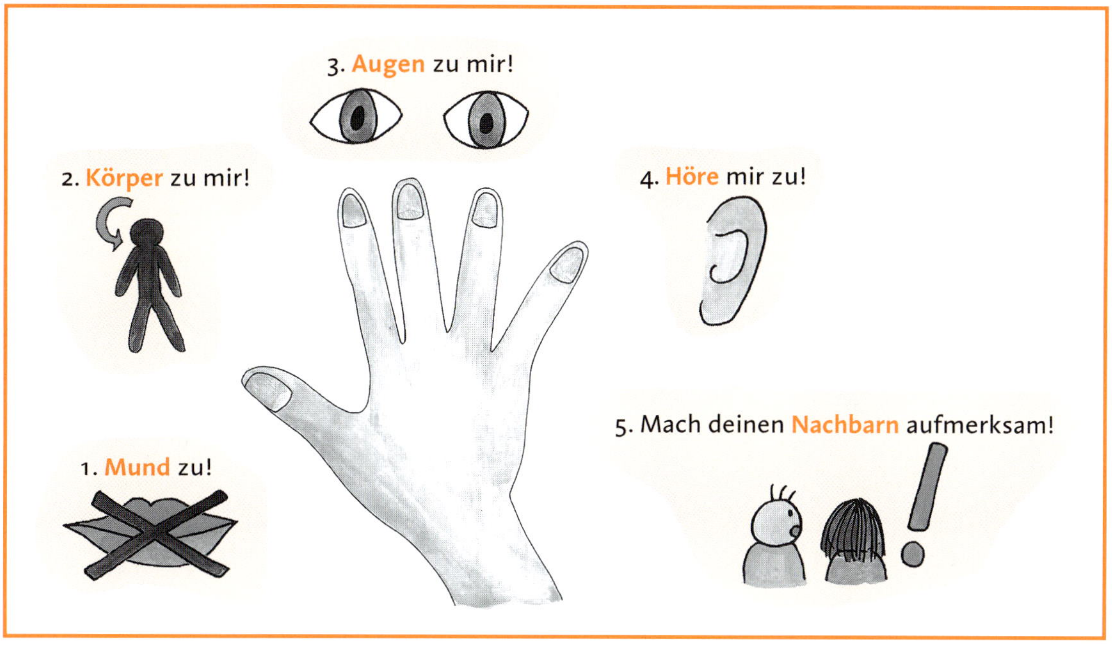

Abb. 7: Give-me-Five-Regel (Reber/Steidl 2016c, dort findet sich diese Abbildung auch als Download; in Anlehnung an Weidner 2016, 92 und Kleindiek 2005, 26)

Schaffen einer Fragekultur

Fragen sind toll!

Kinder mit Sprachentwicklungsstörungen fragen selten nach, wenn sie etwas nicht oder missverstehen. Oftmals erkennen sie ihr Nichtverstehen gar nicht oder sie trauen sich nicht, eine Frage zu stellen, da Fragen mit mangelnder Aufmerksamkeit, fehlendem Wollen oder Können assoziiert werden. Deshalb ist es im inklusiven Unterricht besonders wichtig, dass Fragen als etwas Positives und Wichtiges gelten. Die Lehrkraft erreicht dies durch ihr eigenes Vorbild (z.B. selbst nach unbekannten Wörtern fragen), durch positive Verstärkung von fragenden Schülern („Super, dass du nachfragst") und die Einbeziehung des Umfelds, d.h. alle beteiligten Lehrer (auch Werken, Sport, …) oder Betreuer über die Bedeutung von Fragen aufklären, sodass von allen Fragen gelobt und keinesfalls getadelt werden.

Nicht: „Jetzt fragst du schon wieder! Hast du nicht aufgepasst?"
Sondern: „Toll, dass du fragst!"

gezieltes Nachfragen trainieren

Zusätzlich kann die Lehrkraft, evtl. in Kooperation mit einem Sprachheilpädagogen (Kap. 3), ein Training zum gezielten Nachfragen bei Miss-/Nichtverstehen durchführen (Monitoring des Sprachverstehens). Dies hilft nicht nur Kindern mit Sprachverständnisstörungen, sondern auch bei Aufmerksamkeitsstörungen oder Mehrsprachigkeit. In der ganzen Klasse oder in Kleingruppen, z.B. in offenen Unterrichtssituationen, kann der Lehrer bewusst nicht verständliche Anweisungen (z.B. akustisch zu leise, inhaltlich mehrdeutig bzw. nicht möglich oder zu komplex durch unbekannte Wörter und zu lange Äußerungen) geben und anhand verschiedener Methoden ein spezifisches Nachfragen trainieren:

Beispiel Nachfragen bei unbekannten Wörtern (Piktogramm Abb. 6):

L: „Gib mir bitte mal den Duden."

S gibt dem Lehrer irgendein Buch.

L: „Weißt du, was ein Duden ist?" [metasprachliche Reflexion]

S: „Nein."

L *(zeigt auf Piktogramm)* „Was kannst du tun, wenn du das Wort nicht kennst?"

S: „Fragen. Was ist ein Duden?"

L: „Genau. Gut nachgefragt. Ein Duden ..."

Weitere Umsetzungsmöglichkeiten zur Förderung eines gezielten Nachfragens finden sich bei Hachul/Schönauer-Schneider 2019 (Monitoring des Sprachverstehens).

Multiperformanzprinzip

Nutzen aller Modalitäten

Kinder mit sprachlichen Auffälligkeiten benötigen Sprachförderung vielfältig in allen Modalitäten: Sie sollen sprachliche Strukturen verstehen **(Rezeption)**, nachahmen **(Reproduktion)**, eigenaktiv benutzen **(Produktion)**, reflektieren **(Metasprache)** und schriftlich verwenden **(Lesen, Schreiben).** Im Unterricht werden idealerweise verschiedene Modalitäten eingesetzt (Abb. 8, Kap. 5.3).

Hören:
Einer Lehrer-/Schülererzählung zuhören
„Märchenkino"

Sprechen:
Nacherzählen
Aufführen

Beispiel „Märchen": „Hans im Glück"
Zielstruktur: dreistellige Verben mit Dativ

*Gib **mir** das Schwein. Ich gebe **dir** die Ente.* *Gib **mir** die Ente. Ich gebe **dir** das Messer*

Lesen:
Lesen
der Geschichte

Schreiben:
Aufschreiben
der Geschichte

Abb. 8: Modalitätenwechsel beim Märchen Hans im Glück (Bilder nach Frank/Grziwotz 2001)

4.3 Unterrichts-Kleintechniken

Um Unterricht bezüglich Sprache zu optimieren, helfen oft minimale Veränderungen alltäglicher Herangehensweisen und der Einsatz von Kleintechniken: Dazu werden Sprechanlässe ritualisiert eingebaut oder strukturiert, wodurch Hilfestellungen entstehen, um andere Lernbarrieren (z.B. Aufmerksamkeits- oder Lernschwierigkeiten) zu überwinden.

Rituale zur Sprachförderung nutzen

Rituale nutzen

Ganz alltägliche Situationen lassen sich gut zum Sprechen nutzen. Gerade schwächere Schüler können hier in sicheren Ritualen Erfolgserlebnisse sammeln. Je nach Klassenstufe (z.B. Klasse 1: „Morgen ist …" – Klasse 4: „Morgen wird … sein") können einfachere oder schwerere sprachliche Formulierungshilfen gewählt werden. Klassische Unterrichtssituationen sind in Tabelle 5 zu finden (Kopiervorlage/Download „Sprachliche Rituale").

Tab. 5: Klassische Unterrichtssituationen für sprachliche Rituale

Visualisierung	Sprachliche Umsetzung
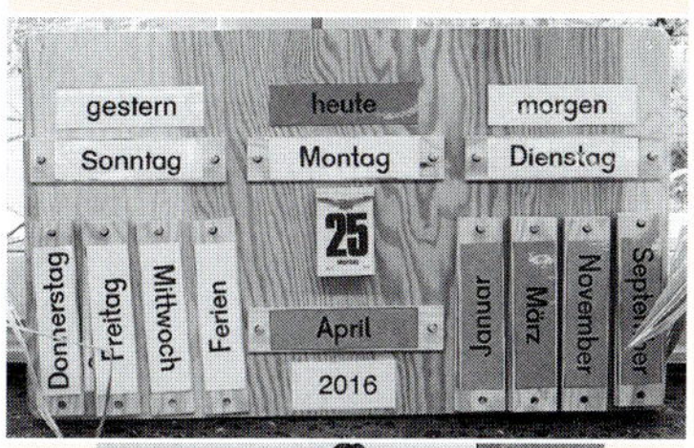	**Kalender (Inversion, Verbzweitstellung, Zeitangaben)** Heute ist … Gestern war … Morgen ist …
	**Dienste (Inversion, Subjekt-Verb-Kongruenz, Wortschatz Schule, Plosive)** … teilen aus und sammeln ein. … kümmern sich um die Technik. … kümmern sich um den Kalender.
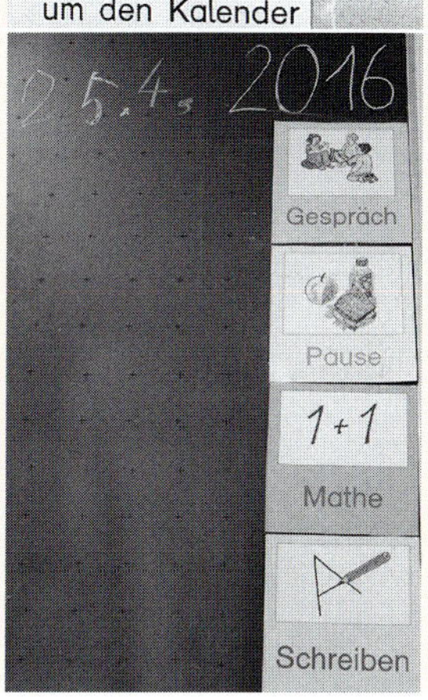	**Tagesplan (Inversion, Zeitangaben):** Zuerst haben wir … Danach … Dann ist … Am Schluss … **Bzw. Reflexion (Perfekt):** Zuerst *haben* wir gesprochen/*diskutiert* … Danach *haben* wir unsere Brotzeit *gegessen* …

▸

Visualisierung	Sprachliche Umsetzung
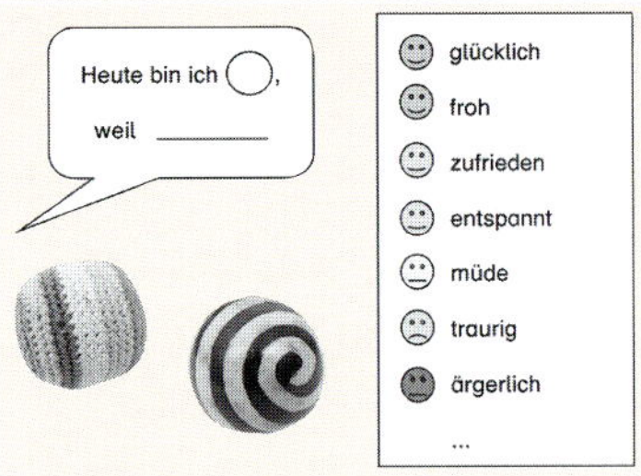	**Morgenkreis (Nebensätze, Wortschatz Gefühle)** Eine Erzählkugel/ein Erzählstein wird herumgegeben: Heute bin ich ..., weil ...
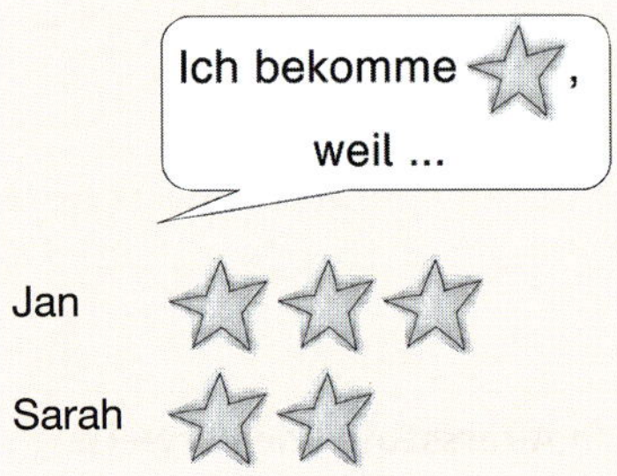	**Token- bzw. Verstärkersystem (Nebensätze, Akkusativ, Perfekt):** Zunächst wird das positive Zielverhalten sprachlich reflektiert, dann das Token gegeben: Ich bekomme einen [Punkt/Stern/...], weil ich [leise gearbeitet habe/alle Aufgaben geschafft habe/...]
	**Reflexionsphasen (Nebensätze):** Im kompetenzorientierten Unterricht werden Lernschritte benannt sowie der Lernerfolg am Ende reflektiert.

Schöne Piktogramme zur Visualisierung von Ritualen im Klassenzimmer findet man beim Verlag an der Ruhr, z.B. „Es geht auch ohne Worte“, „Mein Klassenraum perfekt organisiert“ oder „Was machen wir als nächstes?“.

Arbeitsaufträge geben

Gute Lehrkräfte geben Arbeitsaufträge präzise, effizient und nachhaltig. Sie nutzen klare, nicht zu komplexe Anweisungen (einfache Sätze), visualisieren das Gesagte und kontrollieren am Ende, ob der Auftrag richtig verstanden wurde. Erst dann sollte die Arbeit beginnen. Unvollständige Anweisungen schaffen Unruhe, Disziplinschwierigkeiten oder Unklarheit beim Lernen. Da pro Unterrichtsstunde mehrfach Aufträge gegeben werden, lohnt es sich, diesen Prozess zu optimieren (Tab. 6).

positive Verstärkung

Hilfreich ist es, den Ablauf für das Stellen eines Arbeitsauftrags zu ritualisieren. Falls Teilschritte schwierig sind (wenn es z.B. nicht ruhig genug wird), sollte man gezielt mit positiver Verstärkung arbeiten, um diese zu optimieren (z.B. „Jana schaut mich an“, „Samuel wartet leise“). Während der folgenden Arbeitsphase kann man zusätzlich Helfersysteme etablieren (Schüler-Experten, Peer-Learning, Lernen durch Lehren).

Schritte

Tab. 6: Erteilen eines Arbeitsauftrags

Schritte	Tipps zur Umsetzung
1. Aufmerksamkeit sichern 	▪ **Zentrale Position** im Raum einnehmen ▪ Einfordernde **Körperhaltung der Lehrkraft** ▪ Ritualisiertes, **akustisches Signal** geben (z. B. Klingel, Glocke) ▪ **Blickkontakt** mit (wirklich!) allen Schülern aufnehmen, evtl. ritualisierte Geste verwenden (z. B. Leise-/Schweigefuchs, Finger auf den Mund) ▪ **Warten,** bis es ruhig ist (keinesfalls in die Unruhe hinein sprechen bzw. versuchen, die Schüler zu übertönen)
2. Arbeitsauftrag geben 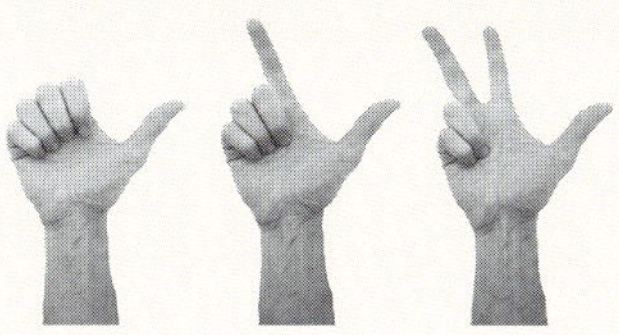	▪ **Einfache, klare und langsame** Sprache ▪ Entsprechend der **Handlungsreihenfolge:** ersten Schritt zuerst! ▪ In Schritte **gliedern** (Handgesten) oder durch **Piktogramme** visualisieren ▪ Anzahl der Schritte angepasst an Altersstufe (idealerweise 3–5 Schritte) 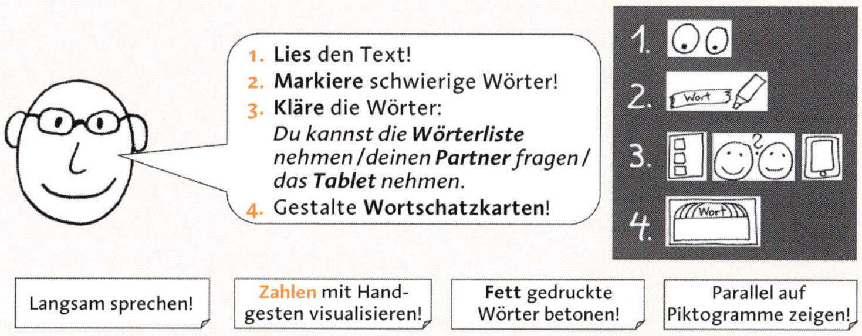
3. Arbeitsauftrag sichern  	▪ Schüler **wiederholen** den Arbeitsauftrag in eigenen Worten (z. B. Papagei/Redeball herumwerfen, Geste für Wiederholung), nicht nur vorlesen ▪ Immer wieder nonverbal auf **Piktogramme/Schritte** zeigen ▪ **Gezielt nachfragen** (z. B. Wo findest du das Tablet? Welche App verwendest du?) **1.** Nicht „Hast du verstanden?", da sagen alle „ja"! **2.** Nicht immer alle Arbeitsaufträge wiederholen lassen, sondern nur komplexe, da sonst die Notwendigkeit aufzupassen verloren geht!
4. Start der Arbeitsphase 	▪ Arbeitsbeginn durch **akustisches Signal** kennzeichnen (z. B. Glocke) ▪ Lehrer geht herum, schaut, ob alle verstanden haben, und gibt individuelle Hilfestellungen (= **Erfolgskontrolle**) ▪ Positives Arbeitsverhalten verstärken (Token-System, Lob z. B. „Eva arbeitet leise")

Handlungsbegleitendes Sprechen

Manchmal ist es eine große Herausforderung, Abläufe oder Arbeitsaufträge zu erklären, weil es viele Handlungsschritte gibt. Ein klassisches Beispiel ist das abstrakte Erklären bestimmter Übungs- oder Spielformen (z. B. Regeln von „3 gewinnt") bzw. Aufgabenformate (z. B. Lerntheke), z. B. für den offenen Unterricht.

handlungsbegleitendes Sprechen

Statt Erklären kann man Übungen oder Spiele auch vormachen, idealerweise mit Beteiligung der Schüler. Wichtig ist es, dabei handlungsbegleitend zu sprechen („Zuerst legst du …"). Man legt das Material in die Mitte und bittet einen Schüler, Spielpartner zu sein und das Spiel vorzuspielen. Als Lehrkraft spricht man mit (vgl. Abb. 9). Hilfreich ist der nonverbale Einsatz von Zeigetechniken und -gesten, evtl. unterstützt durch Gegenstände (Zeigestab, Taschenlampe, Lupe, Zeigefinger).

L: Ich nehme mir zehn blaue Stöpsel. Ich lege die Bilder rein. [L gibt S den Würfel]
S: Ich würfle… 4!
L: Du darfst den Stein mit der 4 machen! [L reicht den Stein, deutet auf Bild und Block]
S [schreibt „der Brief"]
L: Super. Jetzt kontrollierst du, ob es richtig ist. [dreht den Stein um und zeigt ihn dem S]
S: Ja! Jetzt darf ich meinen Stöpsel da reinstecken! [zeigt und steckt]

Abb. 9: Spiel „3 gewinnt" mit handlungsbegleitendem Sprechen: Vormachen statt Erklären

Adaption von Texten

Adaption von Texten

Kinder mit Sprachstörungen haben häufig Schwierigkeiten, Sprache zu verstehen. Viele Anweisungen und Texte (mündlich und schriftlich) enthalten im Inhalt, im Wortschatz und in der Grammatik unüberwindbare Hürden. Es ist deshalb im inklusiven Unterricht hilfreich, Anweisungen und mündliche Erzählungen zu wichtigen Themen an sprachlich schwachen Schülern auszurichten und gegebenenfalls zu differenzieren, z.B. in offenen Lernformen, aber auch für Proben (Kap. 3 Nachteilsausgleich; Kap. 4.4 Lehrersprache).

Kriterien

Für die Adaption von Anweisungen und Texten (Tab. 7) gelten u.a. folgende Kriterien, die je nach Sprachstand der Schüler Anwendung finden (Wagner/Schlenker-Schulte 2005):

→

Inhalt

- angemessene Länge des Textes, evtl. kürzen und Gedächtnisstützen einfügen (Piktogramme, Bilder)
- Komplexität des Inhalts reduzieren, u.a. klarer zeitlicher Aufbau, direkte anstelle von impliziten Informationen, die die Kinder schlussfolgern müssen

Wortschatz

- unbekannte oder nicht gebräuchliche Wörter durch bekannte ersetzen oder im Vorfeld klären
- Unterstützung durch Bilder
- Eigennamen anstelle von Pronomen
- gleichbleibende statt variierender Bezeichnungen
- Austausch von Metaphern und Redewendungen (Vorsicht: wörtliche Interpretation)

Grammatik

- Präsens anstelle von Präteritum
- Dativ anstelle von Genitiv, Akkusativ statt Dativ
- kurze Hauptsätze anstelle von Nebensätzen
- Einhalten der Ereignisreihenfolge (Vorsicht bei Passiv oder Bevor/Nachdem/Wenn-Sätzen)
- direkte Rede statt indirekter, Redesatz vorne

Lesetechnische Gestaltung

- schwierige Wörter durch Bilder ersetzen bzw. ergänzen
- ausreichende Schriftgröße, Schulschrift, Silben kennzeichnen, Zeilenumbrüche an Phrasengrenzen, …

Tab. 7: Adaption eines Textes aus dem Bilderbuch „Der Wolf im Nachthemd“ (Ramos 2012) mit Erläuterung der Kriterien

Originaltext	Erläuterung/Kriterien	Adaptierter Text
An einem schönen, sonnigen Sommertag begegnete der Wolf dem Rotkäppchen. „Guten Tag, mein liebes Kind! Ach, wie hübsch bist du doch in deinem tollen Kleid!“ „Guten Tag, großer Wolf, und vielen Dank für das Kompliment“, antwortete die Kleine fröhlich. Mit seiner tiefen Stimme fuhr der Wolf fort: „Weißt du eigentlich, wie gefährlich es ist, ganz alleine durch den Wald zu spazieren?	- Keine Schulschrift - Überflüssige Inhalte (Sommertag) - Wortschatz (zusätzlich Verb mit Dativ, begegnete dem) - Fehlender Redesatz (Wer spricht?) - Wechselnde Bezeichnung (z. B. Kind – Kleine) - Komplexer Satzbau (wie hübsch …) - Wortschatz, Redesatz nach der wörtlichen Rede (antwortete) - Wortschatz, Verb im Präteritum (fuhr) - Komplexer Satzbau, langer Satz, impliziter Inhalt (Weißt du …)	Der Wolf trifft das Rotkäppchen. Der Wolf sagt: „Guten Tag, Rotkäppchen. Du bist heute so hübsch!“ Das Rotkäppchen antwortet: „Guten Tag, großer Wolf, und vielen Dank für das Lob.“ Der Wolf spricht (mit seiner tiefen Stimme): „Es ist sehr gefährlich, ganz alleine durch den Wald zu laufen!“ …

Eine schöne methodische Umsetzungsidee für differenzierte Lesetexte sind Lesespuren: Dabei handelt es sich um eine Art Lese-Schnitzeljagd mit 3–5-fach differenzierten Spuren, je nach Lesefähigkeit. Beispiele finden sich in der Zeitschrift Praxis Sprache 1/2011 (https://praxis-sprache.eu). Mit weniger Vorbereitungsaufwand geht es digital, z. B. mit der App „Appolino Lesen“ (iOS, Lehrmittelverlag St. Gallen).

Manche Texte kann oder möchte man nicht vereinfachen (z. B. Gedichte, da dadurch der Charakter verloren geht. Hier kann man vorab (Vorentlastung) oder nachher (Sicherung) Wörter und schwierige Satzstrukturen klären (Kap. 5.2, 5.3).

Techniken zur Präsentation von Bildern

Präsentation von Bildkarten

Wort- und v. a. Bildkarten sind zentrale Medien im Unterricht, die der Visualisierung und Veranschaulichung dienen. Gerade Bildkarten bieten ein großes Potenzial für die Sprachförderung. Klassisch wird dies oft vergeben, wenn eine Bildkarte einfach sofort mithilfe von W-Fragen („Was ist das?") als Ganzes offen gezeigt wird („Ein Pferd"). Spannender ist die schrittweise Präsentation, verbunden mit Impulsen und Sprechanlässen (Abb. 10).

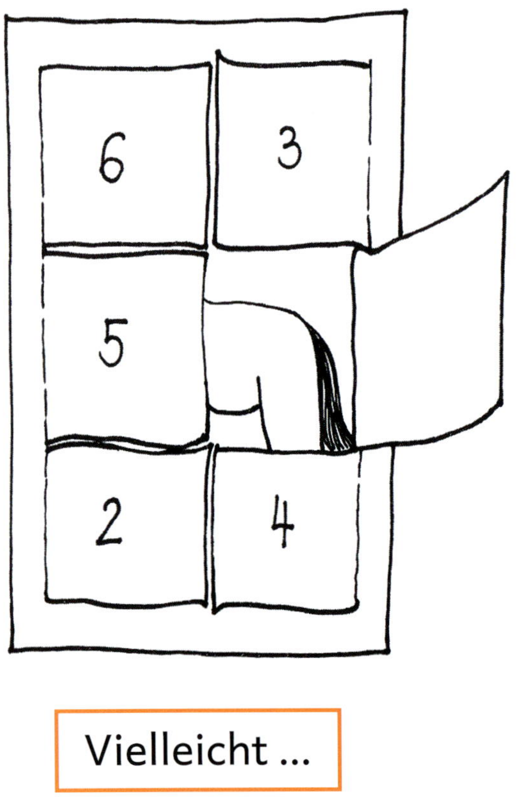

Im Unterricht soll eine Pferd-Bildkarte eingesetzt werden. Über das Bild wird eine (immer wieder verwendbare) Maske mit nummerierten Klappen (alternativ Papier-Abdeckungen) gelegt, die der Reihe nach aufgedeckt werden:

L: **„Vielleicht ist es eine Leiter"** *(verbaler Impuls, Provokation, Schüler protestieren, möglicher Satzstarter „vielleicht" wird gegeben)*

L: **„Vielleicht ist es …"** *(verbaler Impuls, evtl. unterstützt durch eine Satzkarte „Vielleicht …" als visueller Impuls)*
S1: **„eine Kuh."**

L: **„Vielleicht …"** *(verbaler Impuls)*
S2: **„ist es ein Esel."**

L macht nur noch eine Fragegeste (nonverbaler Impuls)
S3: **„Vielleicht ist es ein Pferd. Pferde haben so einen Schwanz!"**

L öffnet die zweite Klappe und ruft weiterhin auf, würdigt nonverbal (Nicken, Geste), ohne aber das Rätsel zu lösen oder inhaltlich zu werten.
S4: **„Vielleicht ist es ein Pferd. Pferde haben Hufe!"**
S5: **„Es ist sicher ein Pferd!"**

usw.

Abb. 10: Schrittweises Aufdecken eines Bildes (in Anlehnung an Achhammer/Reber 2014, 109)

Das Beispiel zeigt: Es entsteht ein spannender Dialog über das Bild, das Sprechanlass ist. Dabei wird das Zielwort mit anderen Wörtern vernetzt (z. B. Schwanz, Fell) und eine Zielstruktur (hier z. B. Sätze mit „vielleicht", d. h. Jnversion von Subjekt und Verb) geübt. Alltagswissen wird aktiviert, und es entsteht ein emotionaler Bezug. Der Begriff wird mehrfach rezipiert, und viele Schüler haben die Gelegenheit, ihn sogar aktiv einzusetzen. Während zu Beginn des Dialogs der Redeanteil der Lehrkraft höher ist, nimmt er zum Ende hin ab. Gleich am Anfang wird außerdem eine Provokation genutzt, die zum Sprechen motiviert.

4.4 Lehrersprache

Einsatzweisen

Lehrersprache ist im Unterricht von ganz zentraler Bedeutung, besonders hinsichtlich Sprachförderung: Sie ist immer „bei der Hand", spontan einsetzbar und in zweierlei Weise gewinnbringend nutzbar:

- **Als Unterrichtsmedium:** Sprache dient der Vermittlung von Lerninhalten. Zugleich hat sie Vorbildcharakter für die Schüler.
- **Als Methode zur Sprachförderung:** Ziel ist hier der Abbau sprachlicher Barrieren. Lehrersprache lässt sich dabei als übergreifende Methode in allen sprachlichen Entwicklungsfeldern (z.B. Kita, Mehrsprachigkeit), aber auch bei allen Störungsbildern (z.B. Sprachentwicklungsstörung, Stottern) einsetzen.

Sprechumsatz der Schüler

Wichtigstes Ziel guter Lehrersprache ist es, den Sprechumsatz und damit die Kommunikationsfähigkeit der Schüler zu steigern und die Sprechanteile der Lehrkraft zu reduzieren, denn die Lehrkraft beansprucht in der Regel zwei Drittel der Redezeit, die Schüler zusammen ein Drittel (DESI-Konsortium 2008).

Wie gut ist Ihre Lehrersprache? Machen Sie eine Ton- oder Videoaufnahme von sich (Achtung: Einverständnis der Eltern für Aufnahmen einholen)! Sie können auch einfach Ihr Handy (Diktiergerät- oder Kamera-App) dafür nutzen.

Allgemeine Merkmale

Die folgende Checkliste fasst sprachförderliche, allgemeine Merkmale der Lehrersprache zusammen (Reber/Schönauer-Schneider 2018 a, 44):

allgemeine Merkmale

- **Blickkontakt** mit den Kindern/Antlitzgerichtetheit, damit Mundbild, Mimik und Gestik gut sichtbar sind
- bewusster Einsatz von **Mimik und Gestik**
- klare, lautreine und nicht zu schnelle **Artikulation** (d.h. deutliches Mundbild, evtl. mit Betonung einzelner Laute durch Handzeichen (Download einer ausführlichen Handzeichenübersicht möglich bei Reber/Steidl 2012)
- ausgeprägte **Sprechmelodie** und Modulation der Tonhöhe
- langsames und variables **Sprechtempo**
- gezielter Einsatz von **Sprechpausen** zur Markierung von Phrasengrenzen
- kurze, einfache, **prägnante (Haupt-)Sätze**, etwas über dem Sprachniveau der Kinder, die am Gespräch beteiligt sind; zentrale Erklärungen und Arbeitsanweisungen orientiert am Sprachniveau schwächerer Schüler (bzw. differenzierte mündliche/ schriftliche Formulierungen bzw. zeitnahe, individuelle Hilfestellungen zum Verständnis)

- gleichbleibende Formulierungen bei **Anweisungen**
- bewusste Wiederholung und Akzentuierung von **wichtigen Wörtern**, Satzteilen und Sätzen (Satzstarter, Satzhilfen, Abb. 11)
- Einhalten der **Ereignisreihenfolge**, v. a. bei Konjunktionen wie „bevor“, „nachdem“ oder „wenn“ (nicht: „Bevor du in die Pause gehst, räum bitte noch deinen Tisch auf.“, sondern: „Räume bitte zuerst deinen Tisch auf. Dann gehst du in die Pause.“)
- **Aktiv** statt Passiv (z. B. nicht: „Der Text wird vorgelesen.“, sondern: „Ich lese den Text vor.“)
- **Reduktion der eigenen Sprache**
- ausreichend **Zeit lassen** für Schülerantworten (abwarten)

Formulierungshilfen

Es gibt bestimmte Formulierungshilfen (Abb. 11; Kopiervorlage/Download „Satzstarter-Set“), die man immer wieder im Unterricht benötigt. Es empfiehlt sich, diese vorbereitet immer im Klassenzimmer parat zu haben und die jeweils zur Situation passende einzusetzen (z. B. zum Nacherzählen einer einfachen Geschichte „Zuerst …“, „Dann …“ und „Am Ende …“; in einer Vermutungsphase im Sachunterricht „Ich vermute, dass …“).

Abb. 11: Satzstarter-Set

Beispiel Sachunterricht – Versuche zum Schwimmen und Sinken:

Die Lehrkraft zeigt ein Impulsbild mit einem großen Schiff, das schwimmt. Es folgt ein gemeinsames Gespräch. Dann sollen Vermutungen der Schüler zum Schwimm-Sink-Verhalten von Gegenständen gesammelt werden:

Die Lehrkraft zeigt den ersten Gegenstand und sagt: „Ich vermute, dass der Stein sinkt.“ (Modell, Präsentation)

Nun zeigt sie stumm den nächsten Gegenstand sowie die Wortkarte mit dem Satzstarter „Ich vermute, dass …“.

Ein Kind macht weiter und nutzt die Hilfe, indem es sagt: „Ich vermute, dass das Holz schwimmt.“

Impulstechniken

Kommunikationsstile

Entscheidend über den Sprechanteil der Schüler in der Klasse ist, ob der Unterrichts- und Kommunikationsstil des Lehrers eher fragen- oder impulsorientiert gestaltet wird (Tab. 8). Gerade der Einsatz von Impulstechniken führt in der Regel dazu, dass der Sprechumsatz der Schüler gesteigert bzw. das sprachliche Erprobungsfeld erweitert wird.

Tab. 8: Zwei Kommunikationsstile im Unterricht (Text aus Meyer 2007; Bilder in Anlehnung an Reber/Schönauer-Schneider 2013, 13)

Interaktion	Fragen- vs. impulsorientierter Unterricht
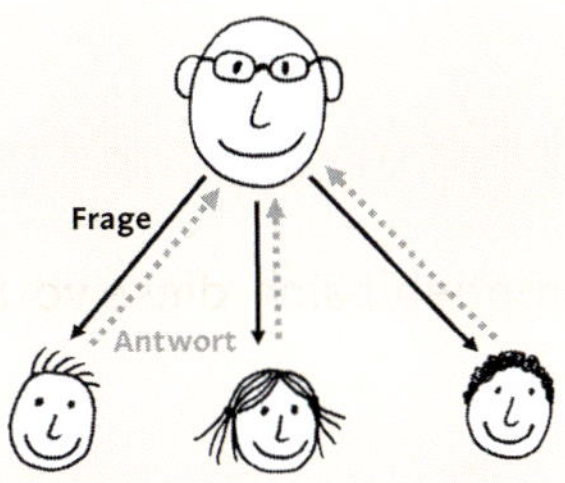	**Fragenorientierter Unterricht** Die Kommunikation läuft im Ping-Pong-System über die Lehrkraft und ist daher stark gelenkt (z. B. durch Frage-Antwort-Folgen wie „Was ist das?", „Ein Wal!", „Was ist ein Wal?", „Ein Tier." usw.).
	**Impulsorientierter Unterricht** Nach einem einführenden Impuls (z. B. „Du weißt bestimmt etwas über Wale.") wandert das Wort von Schüler zu Schüler weiter. Die Lehrkraft nimmt sich zurück.

Definition

Durch Impulse kann die Lehrkraft den Sprachumsatz der Schüler erhöhen und gezielt Sprachstrukturen anbahnen und sichern. Ein Impuls ist dabei eine „geplante oder spontan geäußerte Einwirkung auf den Schüler, die dessen Eigenaktivität bei der Bewältigung von Problemen und Aufgabenstellungen sowie bei Störungen im Lernprozess stimulieren, strukturieren und steuern soll" (Keck 1998, 13). Abb. 12 zeigt verschiedene Impulsformen mit Beispielen.

Impulsformen

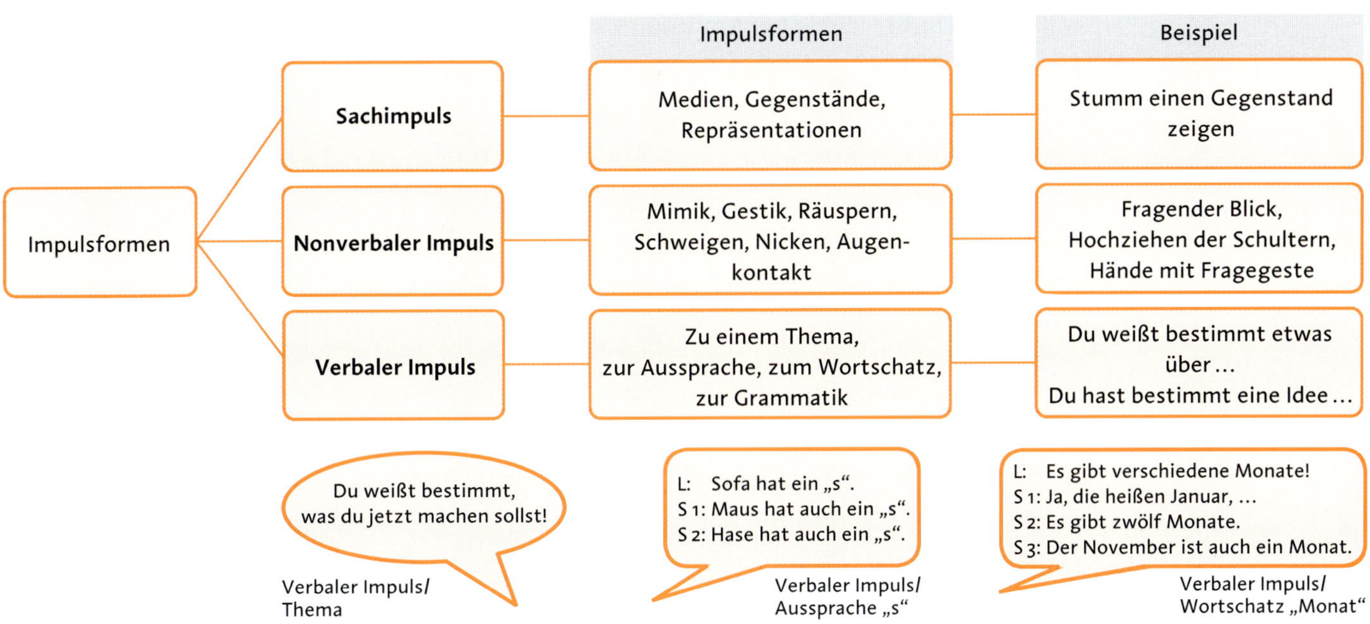

Abb. 12: Impulsformen (in Anlehnung an Thiele 1981) und Beispiele

Fragetechniken

Fragearten

Neben Impulsen sind Fragen im Sinne eines entwickelnden Unterrichtsgesprächs essenzieller Bestandteil der schulischen Kommunikation. In diesem Kontext ist die echte Frage (die Lehrkraft möchte wirklich etwas wissen, was sie nicht weiß, z.B. „Was hast du am Wochenende gemacht?") von der reinen „Wissensabfrage" (z.B. „Was weißt du zu ...?") zu unterscheiden. Außerdem gibt es Frageformate, die eher zu längeren Antworten führen, sowie andere, die mit Einwortsätzen lösbar sind (Tab. 9).

Tab. 9: Beispiele für Fragearten im Unterricht

Fragen, die kurze Antworten ermöglichen (Sprechanfänger)	Fragen, die zu längeren Antworten auffordern (Fortgeschrittene)	Fragen, die generell vermieden werden sollten
Geschlossene Fragen: meist mit Ja/Nein oder einem Wort zu beantworten, z.B. „Ist das ein Stängel?"	**Offene Fragen:** z.B. „Was weißt du über die Wiese?"	**Suggestivfragen** bzw. **rhetorische Fragen,** z.B. „Ist das vielleicht ein Löwenzahn?"
W-Fragen zu sprachlichen Strukturen: Akkusativ: Was brauchst du? Nebensätze: Warum ...? Präpositionen: Wo/Wohin ...?	**Warum-Fragen,** um Zusammenhänge herzustellen, z.B. „Warum haben Kamele Höcker?"	**Kettenfragen** (mehrere Fragen hintereinander, bei denen das Kind nicht mehr weiß, worauf es antworten soll): „Fließt da der Strom durch? Was fehlt denn da? Warum leuchtet das Lämpchen nicht?"
Alternativfragen, um Hilfestellungen zu geben, z.B. zum Wortschatz: „Ist das ein Gänseblümchen oder ein Löwenzahn?" (vgl. Modellieren)	**Echte Informationsfragen,** deren Antwort wirklich Neues enthält (keine Wissensabfrage), z.B. „Was hast du am Wochenende gemacht?"	**Echofragen/Lehrerecho** (Lehrer wiederholt die Schülerantwort): „Meinst du auch, dass das ein Gänseblümchen ist?"

Einsatz

Für Sprechanfänger oder schwächere Sprecher (z.B. auch bei Redeflussstörungen, Mutismus) können Fragen, die nur kurze Antworten erfordern (Tab. 9, 1. Spalte), hilfreich sein. Um den Redeanteil der Schüler in der gesamten Klasse im Verhältnis zur Lehrkraft zu steigern, sollten Kinder jedoch im Unterricht immer mehr die Gelegenheit bekommen, sich wortreicher sprachlich einzubringen. Dazu sind Techniken der zweiten Spalte (Tab. 9) förderlich. Einige Frageformen sind eher Kommunikationsbremsen und sollten daher generell vermieden werden (Tab. 9, 3. Spalte). Kettenfragen bringen z.B. zunächst einen hohen Lehrersprechanteil mit sich. Letztendlich antworten die Schüler meist nur auf die letztgenannte Frage – die Fragen davor gehen ins Leere. Daher kann man sich diese ebenso gleich sparen.

Modellierungstechniken

Kommunikationsbremsen

Sprache wird im Kindesalter nicht durch explizites Verbessern gelernt. Dieses führt bei vielen Kindern zu kommunikativem Rückzug. Daher sollten auch Lehrkräfte Kommunikationsbremsen (z.B. „Sag es noch einmal", „Sprich nach", „Das war falsch" oder „Ganzer Satz") vermeiden, um ein kommunikationsfreundliches Milieu zu gestalten. Vielmehr ist es sinnvoll, wie Mütter im frühkindlichen Spracherwerb kindliche Äußerungen zu wiederholen und dabei fehlerhafte Formen beiläufig zu korrigieren. Diese Techniken werden auch „Modellieren" genannt (Dannenbauer 2002). Man unterscheidet prinzipiell vorausgehende und nachfolgende Modelle (Abb. 13).

Modellierungstechniken

Abb. 13: Vorausgehende und nachfolgende Modellierungstechniken

vorausgehende Modelle

Vorausgehende Sprachmodelle wirken präventiv und führen oft dazu, dass die dann folgenden Äußerungen der Schüler von Beginn an korrekt sind: der Idealfall! Die Lehrkraft äußert ein Modell (z. B. Abb. 13, Alternativfrage: „Ist das weich oder hart?“) und gibt dadurch bereits Hilfen für die kommende Schüleräußerung. Bei sprachlich komplexen Sachverhalten ist es außerdem hilfreich, zunächst sprachlich fitte Schüler aufzurufen, um so Peer-Modelle zu nutzen: Sprachlich schwache Schüler hören zuerst einige korrekte Modelle, bevor sie sich selbst aktiv einbringen.

nachfolgende Modelle

Kommt es dennoch einmal zu einer formal nicht korrekten Schüleräußerung, sollte diese im Klassenkontext stets modelliert werden, indem die Lehrkraft die inhaltlichen Aspekte der Äußerung positiv bewertet („genau“) und dann gedanklich-inhaltlich weiterführt (Abb. 13, Erweiterung beim Begriff „Orange“: Hier wird zunächst die Aussprache korrekt angeboten. Anschließend werden weitere semantische Informationen zum Begriff gegeben.).

Sowohl für vorausgehende als auch für nachfolgende Modelle ist es sinnvoll, mit sprachlichen Gestaltungstechniken (z. B. Pausen, Betonung, Sprechtempo) zu arbeiten.

Richtig modellieren: So geht's

Überlegen Sie: Welche Sprachkompetenz wollen Sie aufbauen?

- Aussprache: ein Laut, eine Lautverbindung
- Wortschatz: ein Wort, eine Wortbedeutung, eine Kategorie
- Grammatik: eine Satzstruktur, eine grammatikalische Form
- Kommunikation: eine Erzählstruktur, eine Kommunikationsregel

Gestalten Sie Ihre sprachliche Äußerung:

- Betonung: Betonen Sie an der wichtigsten Stelle!
- Sprechtempo: Sprechen Sie die wichtigste Stelle langsam!
- Lautstärke: Sprechen Sie die wichtigste Stelle laut!
- Visualisieren: Unterstreichen Sie die Äußerung mit Handzeichen, mit Wort- oder Bildkarten, mit Mimik und Gestik!

Beispiel: „Eine Schnecke hat einen braunen Körper." – Betonen Sie die fett markierte Stelle im Satz und damit jeweils eine andere Zielstruktur!

- „Eine **Sch**necke (Handzeichen „sch") hat einen braunen Körper." (Aussprache „sch")
- „Eine Schnecke hat einen braunen **Körper**." (Wortschatz Körper)
- „Eine Schnecke hat eine**n** braune**n** (Handzeichen „n"/Wortkarte ___n) **Körper**." (Grammatik Akkusativ)

Videobeispiele zu Modellierungstechniken finden sich z. B. bei Schönauer-Schneider/Schweiz (2006).

4.5 Sozialformen

offene Unterrichtsformen

Im inklusiven Unterricht findet man oft offene Unterrichtsformen. Diese haben Vor- und Nachteile für Kinder mit sprachlichen Auffälligkeiten. Offener Unterricht bietet die Möglichkeit, eigenaktiv und individuell zu arbeiten, sodass verschiedene sprachliche Voraussetzungen leichter beachtet werden können (z. B. adaptierte Texte, Förderung einer bestimmten Sprachstruktur). Auf der anderen Seite stellt ein offenes, konstruktives Lernen hohe Anforderungen, denn Kinder mit Sprachstörungen

- sind oftmals bei der **Auswahl** von Aufgaben überfordert (Vielfalt von Themen als Entscheidungsstress) und beginnen deshalb später zu arbeiten;
- bevorzugen **mechanische, wiederkehrende** Aufgaben und vermeiden **sprachbezogene** Aufgaben bzw. sehen keine Notwendigkeit, sich sprachlich zu äußern (sind z. B. bei Gruppenarbeiten eher passiv im Hintergrund);
- zeigen meist geringe Fähigkeiten zur **Selbstorganisation** (evtl. mangelnde innere Sprache zur Planung und Durchführung von Aufgaben).

Für eine sprachliche Unterstützung ist es deshalb wichtig, eine strukturierte Offenheit zu bieten:

- Aufgabenvielfalt evtl. eingrenzen
- sprachliche Formulierungen bzw. Austausch gezielt vorstrukturieren (z. B. durch Formulierungshilfen bei Rätseln: Mein Ding hat/kann/ist …)
- gezielte Stationen-/Gruppenarbeiten zu sprachlichen Themen einplanen (z. B. zu Wortschatz, Präpositionen)
- Gruppenzusammensetzung auch unter sprachlichen Gesichtspunkten planen (z. B. starke und schwache Schüler als Partner oder mehrere schwache Schüler in einer Gruppe mit Unterstützung der Lehrkraft)

lehrerzentrierter Unterricht

Frontaler, lehrerzentrierter Unterricht ist in der Inklusion von Kindern mit Sprachstörungen eine wichtige, sinnvolle Ergänzung. Er bietet die Möglichkeit, Input zu strukturieren und gezielt zu vernetzen (z. B. vielfältige Aspekte von neuen Begriffen anzubieten und zu erweitern). Daneben erhalten die Kinder direkte sprachliche Rückmeldung (z. B. Modellierungstechniken). Zusätzlich kann der Lehrer im Klassengespräch die sozialen Anforderungen reduzieren und gezielt zu Sprache anregen (Kap. 4.4 Lehrersprache).

> Kinder mit Sprachstörungen benötigen in offenen Unterrichtsphasen gezielte Struktur und sprachliche Unterstützung. Die enge Verzahnung mit lehrerzentriertem Unterricht bietet die Möglichkeit, gezielt sprachliche Rückmeldung zu geben und sprachliches Lernen zu vernetzen.

Weiterführende Literatur zur Lehrersprache (u. a. auch zu nonverbalen Aspekten)

Schwerpunkt nonverbale Kommunikation und Körpersprache: Heidemann, R. (2012): Körpersprache im Unterricht. Ein Ratgeber für Lehrende. 10. Aufl. Quelle & Meyer, Wiebelsheim

Baustein Lehrersprache, aber auch weiterführende Ideen: Reber, K., Schönauer-Schneider, W. (2018): Bausteine sprachheilpädagogischen Unterrichts. 4. Aufl. Ernst Reinhardt, München

Trainingsbausteine für die Eigennutzung, aber auch als Fortbildungsmaterialien: Eiberger, C., Heide, H. (2013): Lehrersprache im Grundschulunterricht. Trainingsbausteine für eine wirksame verbale und nonverbale Kommunikation. Grundsteine Schulalltag. Persen, Hamburg

5 Wie lässt sich gemeinsamer Unterricht optimieren?

Zentrale Bausteine

In der Inklusion kann gemeinsamer Unterricht in den Bausteinen Aussprache, Wortschatz, Grammatik, Kommunikation, Stimme und Redefluss optimiert werden. In diesem Kapitel sind zu jedem der genannten Bausteine Sprachfördermaßnahmen erläutert, die je nach den sprachlichen Bedürfnissen der Kinder gezielt in den Unterricht integriert werden. An sprachlich stärkere Schüler können jeweils höhere Anforderungen gestellt werden. Ebenso können sie Modell und Unterstützung für schwächere Schüler sein.

5.1 Aussprache fördern

Hilfestellungen

Kinder mit Schwierigkeiten im Bereich Aussprache (Sprachentwicklungsstörungen, Mehrsprachigkeit) haben Probleme, einzelne Laute (v.a. [s], „sch“: [ʃ], [r] sowie Plosive [p], [t], [k] bzw. [b], [d], [g]) und Lautverbindungen (z.B. Mehrfachkonsonanzen) korrekt wahrzunehmen und/oder zu produzieren (Kap. 1). Sie benötigen v.a. in folgenden Bereichen Hilfestellungen:

1. **Phonologische Bewusstheit:** Wahrnehmen und Produzieren von Lauten und Lautverbindungen
2. **Schriftspracherwerb:** Erwerb der Laute, Buchstaben sowie der Buchstaben-Laut-Zuordnungen (Phonem-Graphem-Korrespondenzen), optimierte Buchstabeneinführungen

Bevor diese Bereiche genauer beschrieben werden, sollen im folgenden Abschnitt noch übergreifende Prinzipien zur Förderung der Aussprache im Unterricht dargestellt werden.

Prinzipien zur Unterrichtsgestaltung

Optimieren der Rahmenbedingungen

Folgende Maßnahmen optimieren die Rahmenbedingungen für den Bereich Aussprache:

- **Auditive Wahrnehmung unterstützen:** Hörbedingungen optimieren (Gesprächsregeln, Zuhörrituale), andere Handlungen unterbrechen, Fremdhören als Alternative zum Eigenhören anbieten, Blickkontakt beim Sprechen halten
- **Lehrersprache** optimieren (Kap. 4.4)
- **Lernbarrieren beim verwendeten Wortmaterial erkennen und evtl. vermeiden:** einfache Silbenstrukturen (z.B. Mehrfachkonsonanz in „Strumpf“ vermeiden), Wörter mit wenigen Silben zu Beginn, Laut zuerst am Wortanfang, erst später am Wortende schreiben (z.B. „sch“: <Schi> ist leichter als <Tisch> als <Schrank> (Mehrfachkonsonanz))
- **Den Laut hochfrequent und betont im Unterricht** verwenden: Wörter mit dem Laut in allen Unterrichtsstunden nutzen (Kap. 4.4 Präsentieren), Unsinnsätze mit Wörtern zum Laut verwenden, den Laut in Spiele einbauen (z.B. „Ich sehe was, was du nicht siehst…“, Kap. 6), Wortmaterial gezielt auswählen (z.B. für „s“: „Sofa“ statt „Couch“ sagen), Bilderbücher oder Geschichten mit „s“ auswählen, Kap. 6)
- **Visualisierungen verwenden: Schrift.** Dazu z.B. die betroffenen Laute in einem Text gemeinsam mit den Schülern suchen und markieren.
- **Visualisierungen verwenden: Handzeichen,** wobei es verschiedene Systeme gibt (Schäfer/Leis 2008, Abb. 14)

Handzeichen

„e“ als Kinderfoto „k“ als Kinderfoto als Strichzeichnungen (erzeugt mit Anlautschriften)

Abb. 14: Von den Kindern selbst dargestellte Handzeichen (Reber 2017, 134); Darstellung mithilfe einer Handzeichenschrift (Reber/Steidl 2012, dort findet sich auch eine ausführliche Handzeichenübersicht als Download)

Ideen zum Einsatz von Handzeichen:

- **Buchstabeneinführung:** Hier wird das Handzeichen immer mit eingeführt, vor allem bei schwierigen Lauten (z. B. „k“: ein hinten am Gaumen gebildeter, stimmloser Explosiv-Laut) und erläutert („weit hinten“, „die Lippen verraten nichts/bleiben gleich“, „die Hand geht schnell nach vorne“, am Kehlkopf fühlen/stimmlos: „es kitzelt nicht“). Im Klassenzimmer können Handzeichenfotos der Kinder aus der Klasse oder Zeichnungen z. B. beim Buchstabenzug aufgehängt werden (Abb. 14).
- **Wörter auf Laute abhören:** Beim Schreiben darf (nicht: muss) mitgebärdet werden: z. B. bei <Klo> nur beim <k> oder bei allen Buchstaben. Bei schwachen Schülern gebärdet evtl. die Lehrkraft und visualisiert so den Lautfluss, v. a. bei Lauten, die das Kind vergessen hat zu schreiben (wenn das Kind z. B. <Lo> statt <Klo> geschrieben hat, würde man v. a. das Handzeichen zum „k“ einsetzen).
- **Geheimsprache:** Die Lehrkraft bzw. ein Schüler gebärdet ein Wort vor, die anderen versuchen es mitzulesen und herauszufinden (im offenen Unterricht als Partnerarbeit). Auf diese Weise kann man lautlos kommunizieren!

Weitere Ideen zum Einsatz von Handzeichen finden sich bei Schäfer/Leis 2008 oder Reber 2012.

Phonologische Bewusstheit

phonologische Bewusstheit

Übungen zur phonologischen Bewusstheit sollten präventiv bereits in der Kindergartenzeit aufgegriffen werden. Zu Beginn des Schriftspracherwerbs oder der Alphabetisierung bei Kindern mit Migrationshintergrund helfen sie, ein Gefühl für das alphabetische Prinzip, d. h. das lautgetreue Schreiben, zu bekommen. Beispiele zur phonologischen Bewusstheit finden sich in Tabelle 10.

Tab. 10: Phonologische Bewusstheit mit Beispielen (nach Forster/Martschinke 2008)

Phonologische Bewusstheit im weiteren Sinn	Phonologische Bewusstheit im engeren Sinn
Umgang mit sprachlichen Einheiten, die größer als ein Laut sind (Wörter, Silben, Reime)	Umgang mit Lauten: Laute erkennen, Lautpositionen, Laute synthetisieren und analysieren
▪ Wörter zählen ▪ Reimen, Reimwörter finden, Gedichte, gereimte Zaubersprüche ▪ Silben klatschen, Wörter in Silben gliedern ▪ Silben zählen: Welches Wort ist länger? Schlange oder Schmetterling?	▪ Gleichen Wortanfang erkennen ▪ Laute erkennen: Hat „Hase" ein [h]? ▪ Lautposition erkennen: Wo hörst du [h]? Am Anfang, in der Mitte oder am Ende?

Umsetzungsideen für die Praxis

- **Evaluierte Programme** zum Training der phonologischen Bewusstheit (für das Schulalter, z. B. „Leichter lesen und schreiben lernen mit der Hexe Susi"; Forster/Martschinke 2008).
- Gute **Fibeln** integrieren Spiele und Übungsformen zum Training der phonologischen Bewusstheit sowohl in Form eines Vorkurses (evtl. für schwächere Schüler) als auch begleitend zum Buchstabenlehrgang zu jedem Buchstaben.
- **Fibelunabhängige** Ideensammlungen zum Schriftspracherwerb, z. B. Lernkiste Lesen und Schreiben (Mahlstedt 2011), Gedichtsammlung zum ABC (Grabe/Schmidt 2001) oder eine Sammlung von Kinderreimen, Gedichten und Geschichten für Kinder (Belke 2014 b).
- **Bilderbücher** mit Reimen bzw. solche, in denen bestimmte Laute besonders häufig vorkommen (Kap. 6).
- **Selbst erstellte Materialien** zur phonologischen Bewusstheit, z. B. mit zabulo (Reber/Steidl 2016 a). Mithilfe von Suchfunktionen und vorgefertigten Layouts lassen sich schnell (Computer-)Spiele und Arbeitsblätter generieren (z. B. Reimwörter, Silben segmentieren, Lautpositionen und Lautanzahl finden).

Mayer, A. (2018): Gezielte Förderung bei Lese- und Rechtschreibstörungen. 3., überarb. Aufl. Ernst Reinhardt, München

Buchstabeneinführungen

Buchstabeneinführung

Sind in einer Lerngruppe Kinder mit Auffälligkeiten im Bereich Aussprache, so sollte darauf bei Buchstabeneinführungen besonders Rücksicht genommen werden, v. a. bei <s>, <sch>, <r> sowie <t>, <p>, <k>, <d>, <b> und <g> sowie deren Kombinationen.

Können alle Schüler den Laut bzw. Lautverbindungen zum gerade eingeführten Buchstaben korrekt bilden, sind keine vertiefenden Maßnahmen wie Lautanbahnung oder Mundmotorikübungen nötig! Das gilt v.a. für einfache, früh erworbene Laute wie z. B. [m].

Elemente

Neben den klassischen Elementen der Buchstabeneinführung sollten Kinder mit Aussprachestörungen zusätzliche Angebote erhalten (Tab. 11).

Tab. 11: Elemente von Buchstabeneinführungen, wenn Kinder mit Auffälligkeiten im Bereich Aussprache in der Klasse sind (nach Reber/Schönauer-Schneider 2018a, 73)

Klassische Buchstabeneinführung	Zusätzliche Elemente zur Förderung der Aussprache
▪ Optische Analyse ▪ Akustische Analyse ▪ Taktil-kinästhetische Analyse ▪ Graphomotorische Analyse ▪ Transfer: Integration in den Lese- und Schreibprozess	▪ Vertiefte Übungen zur **auditiven Wahrnehmung** ▪ **Mundmotorische** Übungen zum Laut ▪ **Lautanbahnung:** Hinweise zur Bildung des Lautes im Mund (Zungenlage, Lippenstellung etc.) ▪ **Stabilisierung** der korrekten Lautproduktion auf Silben-, Wort-, Satz- und Textebene

Da der Laut „s“ mit Schulbeginn noch von ca. 35 % der Kinder fehlerhaft gebildet wird (Fox-Boyer 2015), sind in der Regel bei der Buchstabeneinführung des <s> die Förderelemente aus Tab. 11 sinnvoll, möglichst in einem zwingenden, hochfrequenten Kontext mit emotionalem Anker für die Kinder. Z.B. könnte man für „s“ das Kinderbuch „Sams“ (Maar 2011: Sams, Samstag, ...) als Rahmenhandlung wählen (z.B. Sams trifft Sisi, die Schlange, die immer „ts ts ts“ macht), mit Übungen zu folgenden Bereichen:

Übungsvorschläge

- **Übungen zur auditiven Wahrnehmung zum „s“**
  - **Laut erkennen,** Bilder ordnen: Wo hörst du „s“, wo nicht?
  - Bilder nach **Lautposition** ordnen: Hörst du „s“ am Anfang, in der Mitte oder am Ende?
  - **Lautqualitäten erkennen:** „s“ kann stimmlos (z.B. „**Ast**“: „Es kitzelt nicht“) als [s] oder stimmhaft (z.B. „**Saft**“: „Es kitzelt!“) als [z] klingen (in Süddeutschland, Österreich und der Schweiz allerdings immer stimmlos gesprochen).
  - **Richtig gesprochene Laute erkennen,** z.B. umgesetzt als Bewegungsspiel: Wenn du „s“ hörst, darfst du wie eine Schlange („tssss“ sagend) kriechen, wenn nicht, darfst du dich nicht bewegen! (zunächst „s“ gemischt mit unähnlichen Lauten wie „a“ oder „l“, dann ähnliche Laute wie „sch“ oder „ch“ dazu nehmen, am Schluss erst richtig und falsch gebildete „s“-Laute, also z.B. gelispeltes „s“, mit und ohne Blickkontakt artikuliert).
- **Mundmotorik üben**
  - **Luftstromlenkung:** in der Mitte über die Zungenrille, kontinuierlicher Luftstrom (blasen)
  - **Zungenmotorik:** Zunge willkürlich bewegen (z.B. mit der Zunge die Zähne abfahren), Zunge an den Zahndamm
  - **Lippenformung:** Lippen mit den Händen breit ziehen, Kontrast Lippen rund (o-Form) versus breit (lachen, Mundwinkel nach oben)
- **Lautanbahnung besprechen**
  - Lautbildung **vormachen**, beim Nachbarn oder bei sich beobachten (Handspiegel für die Kinder!): Stimmt es?

- Korrekte Lautbildung **besprechen**: Die Lippen sind breit, die Zunge berührt hier (zeigen, gemeint: Zahndamm), die Zunge bleibt hinter den Zähnen (Problem: Zahnlücken!)
- Ähnliche Laute als **Ableitungshilfe** nutzen: [t] und [s] werden am selben Ort gebildet, daher ist es evtl. leichter „tssss“ zu sagen als nur „sss“

- **Visualisierungen** nutzen: Klapp-Gebiss (evtl. aus dem Sachunterricht vom „Zähne putzen“), Knete, Schnittbild (Kopiervorlage/Download „Schnittbilder“) und Handspiegel (Abb. 15)

Abb. 15: Visualisierungsmöglichkeiten für Laute: Gebiss und Knete zum Formen der Zunge, laminierte Schnittbilder zum Einzeichnen der Zungenlage mit Folienstift, Handspiegel für die Kinder

Bei gravierenden Aussprachestörungen oder wenn die Förderzeit im Unterricht nicht ausreicht, ist es im Bereich Aussprache nötig, Eltern auf außerschulische Sprachtherapie hinzuweisen, da gerade für die Lautanbahnung Spezialwissen und meist eine Einzelsituation notwendig sind (Kap. 3).

- Laut **als Geräusch:** z.B. Schlangenzischen „ts“, Windgeräusch [s] (stimmlos), Staubsauger [z] (stimmhaft)
- Laut auf **Silbenebene:** z.B. im Rahmen eines Würfelspiels (Vorrücken der Schlangen mit „tss“ oder „sa“, „se“, „si“, „so“, „su“) bzw. zaubern mit der Zauberschachtel (erhältlich im Zauberbedarf; Abb. 16)

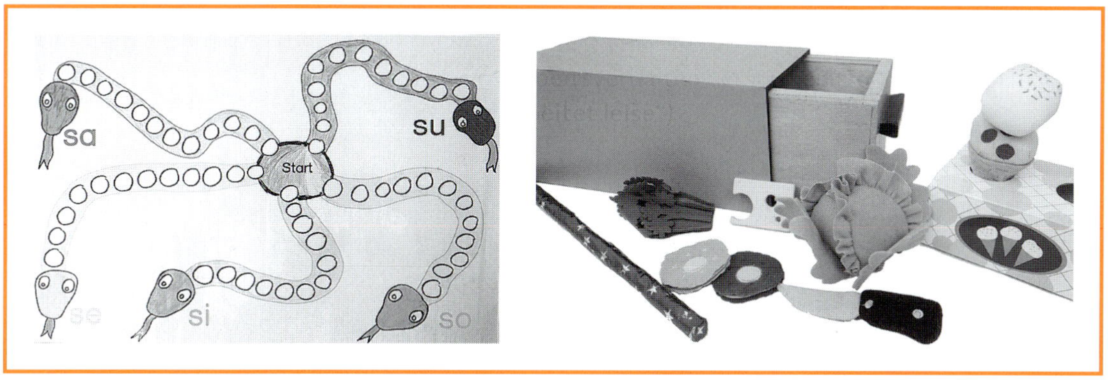

Abb. 16: Links Schlangenspiel zu den Silben, rechts Zauberschachtel für Gegenstände mit „s“ (Zauberspruch „Käse: sa, se, si, so, su, und weg bist du!“ (usw.): Wenn das Kind den Laut richtig artikuliert, zaubert die Lehrkraft den Gegenstand tatsächlich weg)

Stabilisierung des Lautes auf Wort-, Satz- und Textebene:

- **Wortebene:** Wörter mit <s> lesen, schreiben, im Klassenzimmer suchen, markieren, in Texten finden, etc., in offenen Übungsformen üben (Abb. 17)

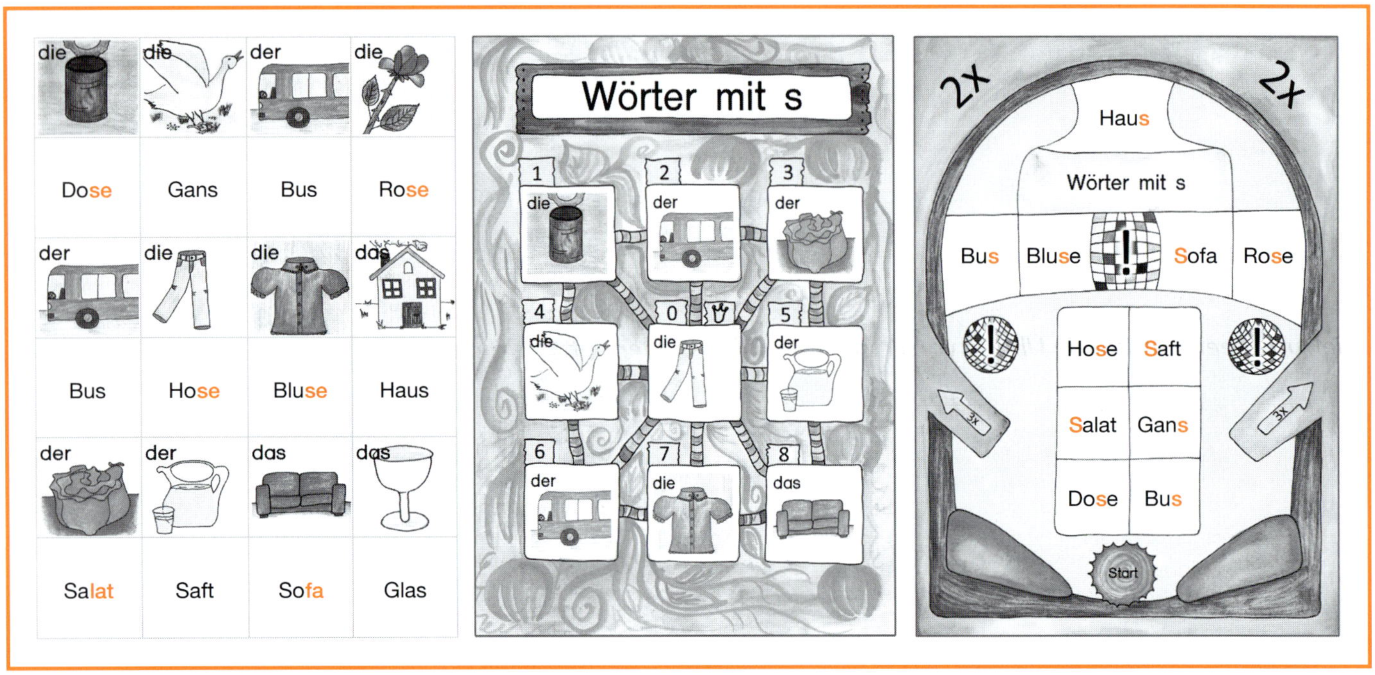

Abb. 17: Spielformen zu Wörtern mit „s": Memory (Hervorhebung Silben), „3 gewinnt" und „Flipper" (Hervorhebung „s") (erstellt mit dem Computerprogramm zabulo/Spiel-Werkstatt, Reber/Steidl 2016a)

- **Satzebene:** (Quatsch-)Sätze mit „s" erfinden, z. B. „Sams saust zum See", lesen und schreiben: Wer findet den Satz mit den meisten „s"?
- **Textebene:** Anlautschriften-Geschichte lesen, alle „s" markieren, eigene Sams-Geschichte schreiben (Abb. 18)

Abb. 18: Ausschnitt aus einer Sams-Geschichte mit Markierung von „s" (geschrieben mit einer Anlautschrift, Reber/Steidl 2017)

- **Spontansprachtransfer:** In alltäglichen Situationen mit hochfrequenten S-Wörtern auf richtige Lautbildung achten (z. B. „s": zählen, Abb. 19). Wörter können „Mottowörter" bzw. „Wort der Woche" werden (Wildegger-Lack 2011).

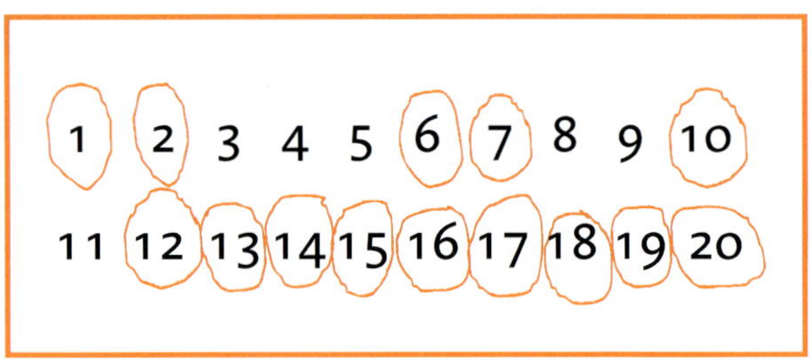

Abb. 19: Alle Zahlen mit „s" rosa einkreisen (nicht mit „rot", nicht „unterstreichen": enthalten kein [s]!)

Beispiele für Buchstabeneinführungen mit Maßnahmen zur Ausspracheförderung finden sich in Reber/Schönauer-Schneider 2018 a (<sch>), Reber 2017 (<r>) oder in Ettenreich-Koschinsky 2003 (<t>). Eine Sammlung mit Mundmotorik-Übungen ist Adams et al. 1996. Brügge/Mohs (2016) stellen Anbahnungsmethoden zusammen. Hinweise zur Mundmotorik bzw. Lautbildung finden sich z. B. bei Ruß (2001), aber auch in manchen Lehrerbänden zu Fibeln.

Weiterführende Materialien und Tipps

Trialogo, www.trialogo.de: Reihe „Trollihefte" (erhältlich zu verschiedenen Übungslauten), Spiel „Passt fasst" (Minimalpaartherapie), Spiel „Na Logo" (vielseitig verwendbares Grundspiel, u. a. geeignet für die Übung von Lauten), Zwillingsbilder mit Minimalpaaren

Verlag am Sprachheilzentrum Ravensburg, www.zieglersche.de/verlag-shz: Spiele, Arbeitsblätter und Märchen zu einzelnen Lauten

5.2 Wortschatz fördern

mentales Lexikon

Wörter werden in einer bestimmten Gehirnregion als Teile des Langzeitgedächtnisses gespeichert, modellhaft oft bezeichnet als „mentales Lexikon" (Aitchison 1997). Jeder Eintrag enthält vielfältige Informationen zum Wortwissen an sich, z. B. die Wortbedeutung, Informationen zur Sprechweise (Betonung, Vokallängen, …), zur Verwendung im Satz (als Verb, zum notwendigen Satzrahmen, …) oder zum Wortaufbau aus Wortbausteinen (Wortbausteine „fahr" + „en", Konjugation „ich fahre", „du fährst" …; Abb. 20).

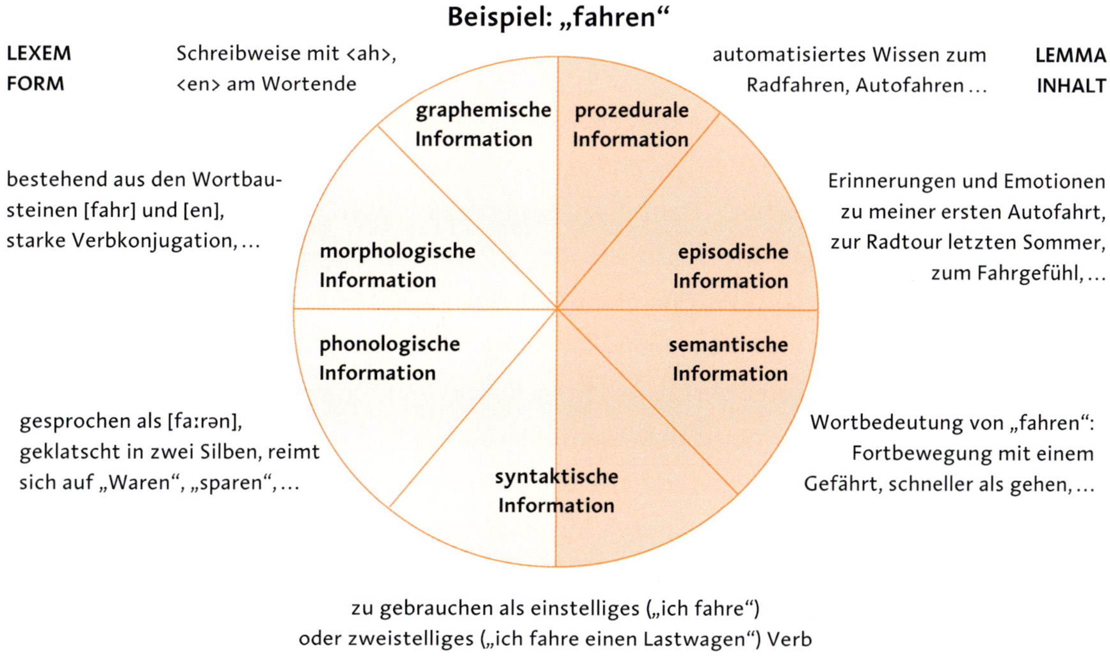

Abb. 20: Eintrag im mentalen Lexikon: Beispiel „fahren" (Reber/Schönauer-Schneider 2018 a, 30, in Anlehnung an Luger 2006, 30)

Netzwerke

Zugleich ist jedes Wort mit anderen Einträgen im Sinne eines Netzwerks verknüpft (z. B. mit „Auto“, „bremsen“, „schnell“; Glück 2010). Diese Verknüpfungen sind abhängig von individuellen Interessen und Lebenskontexten. Mittels der Assoziationsmethode (alle Wörter oder Gedanken sagen oder aufschreiben, die jemandem in einer bestimmten Zeit zu einem Wort einfallen) lassen sich solche individuellen Netzwerke indirekt abbilden (Abb. 21).

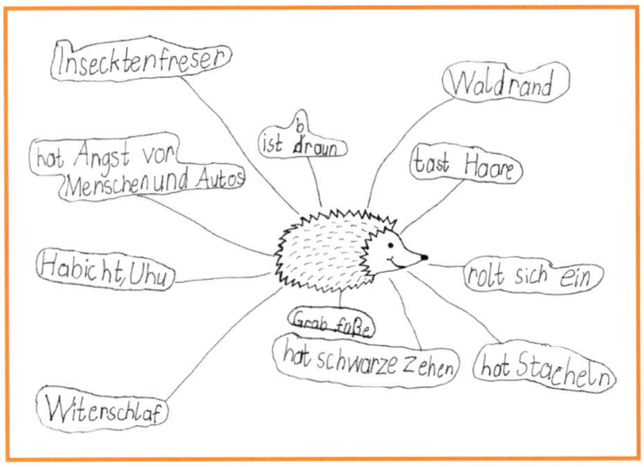

Abb. 21: Ein Schüler erstellt mithilfe der Assoziationsmethode eine Mindmap, hier zum Wort „Igel“, und gibt dadurch Einblick in die Vernetzung des Begriffs in seinem mentalen Lexikon

Generell gilt, dass ein Wort umso schneller, treffender und vielfältiger von Schülern einsetzbar ist, desto

1. ausgefeilter die vorhandenen Wortinformationen im Lexikon sind (Qualität der Speicherung/Elaboration des Wortes selbst) und
2. desto besser es mit anderen Wörtern vernetzt ist (Qualität der Vernetzung).

Im Folgenden werden für den Unterricht allgemeine Förderprinzipien im Bereich Wortschatz, Möglichkeiten zur Elaboration und Vernetzung sowie zum Abruf von Wortschatz genauer beschrieben. Rituale und Strategien eignen sich gut zur Einbettung der Förderideen in den Alltag.

Prinzipien im Unterricht

aktive, themenorientierte Wortschatzarbeit

- **Wortschatzarbeit als grundlegendes Unterrichtsprinzip:** Wörter sind Schätze. Schenkt man den Schülern jeden Tag mindestens ein Wort, entsteht im Laufe der Jahre ein großer Schatz. Daher sollte man gemeinsam mit der Klasse Ausschau nach unbekannten, interessanten oder schwierigen Wörtern halten und täglich die Leitfrage stellen: „Was ist eigentlich ein …?“ (Kap. 4.2 Fragehaltung). Wählen Sie dafür Wörter aller Wortarten (nicht nur Nomen)!
- **Themen-/projektorientiertes Arbeiten für einen möglichst häufigen und vielfältigen Gebrauch von Wörtern in mehreren Fächern:** Gerade Kinder mit Sprachentwicklungsstörungen müssen ein Wort mehrmals, bei komplexen Wörtern durchaus 15–20 Mal aktiv zur sicheren Abspeicherung benutzen.
- **Wörter selbst aktiv gebrauchen:** im Frontalunterricht z. B. Chorsprechphasen einbauen, offene Unterrichtsformen zur sprachlichen Aktivierung nutzen, entweder in homogenen (Lehrkraft unterstützt die schwache Gruppe) oder in heterogenen Lerngruppen (Peer-Learning).

- **Wörter möglichst vielfältig einsetzen:** Äußerungen vieler Kinder zu einem Wort zulassen, um vielfache Begriffsnuancen und Verknüpfungen mit individuellen, emotionalen Erinnerungen und vielfältige Vernetzungen zu ermöglichen.

Elaboration (Speicherung) von Wörtern

Wie kann man qualitativ gute Einträge mit schnellem Abruf im mentalen Lexikon fördern? Im mentalen Lexikon sind dafür zu jedem Wort Informationen zur **Form** (Lexem) und zum **Inhalt** bzw. zur Bedeutung (Lemma) gespeichert (Abb. 20). Im Einzelnen können folgende Aspekte gespeichert sein und mithilfe von unterrichtlichen Fördermaßnahmen unterstützt werden (Glück 2010; Reber/Schönauer-Schneider 2016; Stumpf/Hufnagel 2016):

Inhalt: Semantische Information – Wortbedeutung und Konzept klären Inhalt

Die wichtigste Information auf der Lemma-Seite eines Eintrags im mentalen Lexikon ist die Wortbedeutung (Semantik). Kennt man die Bedeutung nicht, benutzt man das Wort floskelhaft oder gar falsch. Möglichkeiten zur Sicherung der Wortebene im Unterricht sind in Abb. 22 zu finden.

Abb. 22: Beispiele für die Sicherung der Wortbedeutung „Schwein" im Unterricht

> Die wichtigste und einfachste Maßnahme für die notwendige neugierig-fragende Grundhaltung beim Sammeln von Wortschatz ist dabei stets die Frage nach der Wortbedeutung („Was ist eigentlich ein …?"), ausgehend vom Lehrer bzw. idealerweise von den Schülern (Fragehaltung, Kap. 4.2). Dadurch wird der Sprung vom Einzelwortlernen zum Strategieerwerb (Nachfragen) geleistet.

In einem darauf folgenden Gespräch können nacheinander einige Schüler ihr Vorwissen zum jeweiligen Begriff formulieren, sodass eine gute Speicherung stattfindet. Dabei werden Erklärungen, Unter- und Oberbegriffe sowie Visualisierungen (ausgedruckte oder auch digital verfügbare Bildern oder Realgegenstände) genutzt. Nach der Elaboration der Bedeutung könnte man zur Form bzw. zunächst zur Aussprache übergehen:

Form

Phonologische Information – Aussprache eines Wortes üben

Auf der Lexem-Seite ist es am wichtigsten, die Aussprache des Wortes zu trainieren. Dazu gehören die korrekte Artikulation (Lautkette), das genaue Hinhören bei Konsonantenverbindungen (z.B. „**Strumpf**"), die Betonung des Wortes (bestehend aus betonten und unbetonten Silben) sowie eventuell besondere Sprechweisen (z.B. bei Fremdwörtern wie „Kokon", „Garage"). Ideen zur Umsetzung sind in Abb. 23 aufgeführt.

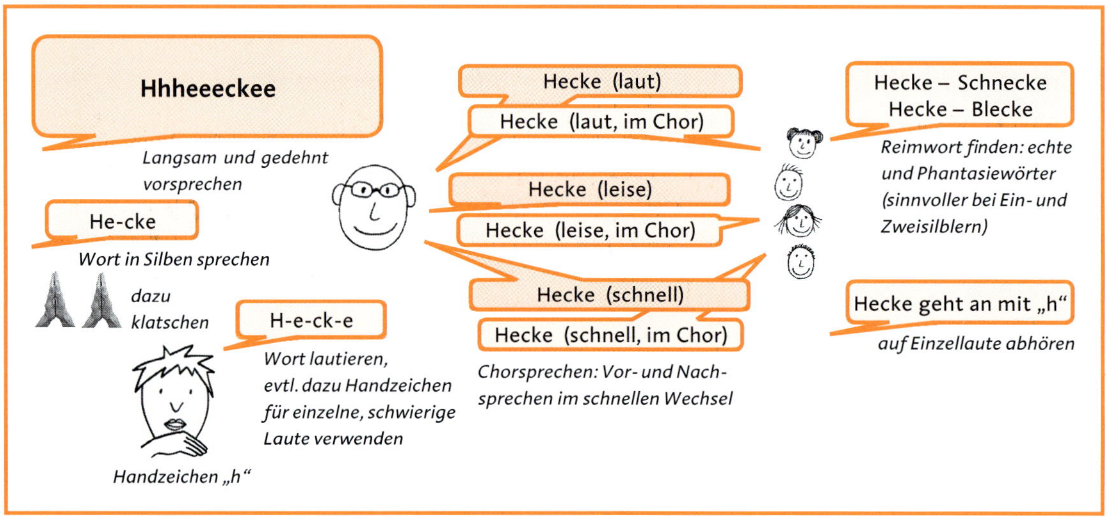

Abb. 23: Beispiele für die Sicherung der Wortform „Hecke" im Unterricht

klares Sprechmodell

Unbedingt anbieten sollte man ein klares Sprechmodell des Wortes, idealerweise mit Blickkontakt. Leicht umsetzbar ist auch das Nachsprechen und Klatschen des Wortes, einzeln oder gemeinsam. Haben Schüler bei einzelnen Lauten Schwierigkeiten, helfen Lautieren und die Unterstützung mit Handzeichen (Download einer ausführlichen Handzeichenübersicht möglich bei Reber/Steidl 2012).

Chorsprechen

Chorsprechen wirkt als Methode evtl. altmodisch, hat aber große Bedeutung für hochfrequentes Üben und als Übungsraum im Schutz der Gruppe (z.B. Mutismus, Stottern). Es lässt sich schnell und effektiv in den Frontalunterricht einbauen, z.B. humorvoll und spielerisch in verschiedenen Sprechweisen (z.B. laut, leise, als Oma, als Roboter). Außerdem könnten auch gute Schüler die Vorsprechrolle übernehmen.

> Ein Beispiel einer Chorsprechphase findet sich auf der DVD „Aufbau von Sprachkompetenz" (ISB Bayern 2009), 6. Klasse, Thema Achsensymmetrie.

weitere Aspekte

Bleibt noch Zeit, sollte man je nach Wort und Unterrichtssituation zusätzlich auf die in Tab. 12 genannten Aspekte eingehen.

Tab. 12: Sicherung weiterer Informationen zu einem Begriff

Inhalt (Lemma)	
Episodische Information: mit persönlichen Erlebnissen, Erinnerungen und Emotionen verknüpfen	▪ Eigene Erlebnisse erzählen, z. B. „Wo hast du schon mal ein Schwein gesehen?" ▪ emotionale Anker setzen (z. B. Ausflüge, Versuche, Schulleben) ▪ Lernen mit allen Sinnen (z. B. Realgegenstände)
Prozedurale Information: mit Handlungserfahrungen und Bewegung verknüpfen – besonders wichtig bei Verben	▪ Wörter in Handlung umsetzen (z. B. Bewegungsverben: schlendern, rennen) ▪ Wörter pantomimisch darstellen (z. B. Aggregatszustände fest – flüssig: sich an den Händen halten – frei herumlaufen) ▪ Handlungsbegleitendes Sprechen („ich spaziere", „ich renne …")
Form (Lexem)	
Morphologische Information: Wortbausteine und Wortfamilie erkunden	▪ Wortbausteine finden und deren Bedeutung klären (z. B. Baumhaus: BAUM|HAUS) ▪ Übertragene Bedeutungen bei Bedarf ansprechen, z. B. bei WOLKE|N|KRATZ|ER ▪ Zusammengesetzte Wörter mit den Wortbausteinen bilden, z. B. Baumhaus, Hochhaus, Haustür, … ▪ Sprechen über Sprache (Metasprache): z. B. „Es heißt nicht Wolkekratzer, sondern Wolkenkratzer, da schmuggelt sich ein ‚n' rein!"
Graphemische Information: die Schreibweise klären	▪ Wortkarten verwenden ▪ Verknüpfen mit dem Lernbereich „richtig schreiben" ▪ Rechtschreibgespräche: Sprechen über die korrekte Schreibweise, Regeln und Strategien benennen
Inhalt (Lemma) und Form (Lexem) – Schnittstelle!	
Syntaktische Information: das Wort in Sätze einbauen	▪ Wort in Gesprächen und ganzen Sätzen nutzen ▪ Nomen mit Artikeln gebrauchen (Wortkarten) ▪ Verben in verschiedenen Verbformen nutzen

weniger ist mehr

Bei der Wortschatzarbeit gilt generell die Devise „weniger ist mehr", d. h. lieber wenige Wörter vertieft erarbeiten und über einen längeren Zeitraum nutzen als viele Wörter oberflächlich. Die Erarbeitung eines Wortes ist mit ca. 1–5 Minuten einzuplanen. Die Anzahl der neuen Wörter für alle Schüler pro Stunde sollte je nach Komplexität des Wortmaterials, je nach nutzbarer Unterrichtszeit für die Wortschatzarbeit und je nach Klassenstufe 5–15 Wörter nicht übersteigen. Sprachlich starken Schülern können zusätzliche Wörter in der Differenzierung angeboten werden.

Vernetzung von Wörtern

Neben der Speicherung ist die Vernetzung des Wortes mit anderen Wörtern verschiedener Wortarten zentral (Netzwerkmodelle, Glück 2010, Abb. 21). Beispielhafte Ideen zur Vernetzung von Wortschatz sind in Tab. 13 aufgelistet.

Tab. 13: Beispiele für die Vernetzung von Begriffen

Vernetzung	Beispiele zur Umsetzung
Semantische Relationen nutzen: Beziehungen, die zwischen Wortbedeutungen bestehen, erarbeiten. Bsp. Gegenteile – Klangqualitäten in Musik „Peter und der Wolf“: linke Spalte Vogel, rechts Großvater 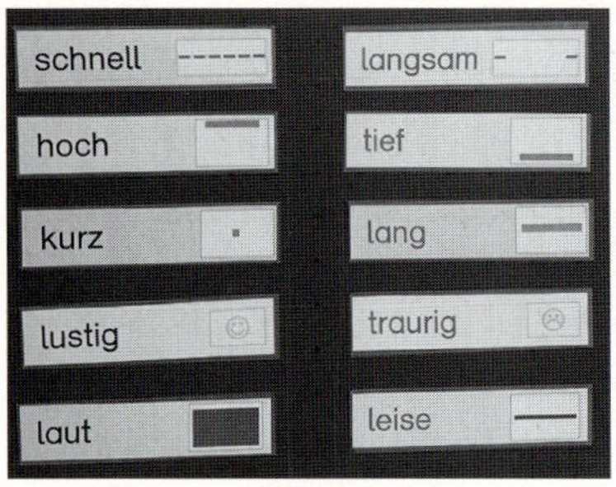	▪ **Ober- und Unterbegriffe** („Vogel“ – „Amsel“), Begriffe auf gleicher Ebene („Amsel“ – „Eule“), z. B. Wortkarten clustern ▪ **Gegenteile** („langsam“ – „schnell“, „rasen“ – „schleichen“) ▪ **Synonyme** („Sofa“ und „Couch“, auch nur teilweise synonyme Bedeutungen wie „Computer“ und „Rechner“: „Mein Bruder ist ein schneller ~~Computer~~ Rechner“), z. B. Texte verändern ▪ **Teil-Ganzes-Beziehungen** („Körper“, „Bein“, „Fuß“, „Schnabel“: Wo ist genau der Fuß?), z. B. Bilder beschriften
Wortfelder erschließen: Ähnliche und/oder wichtige Wörter erarbeiten	▪ Allzweckwortschatz vielfältiger machen: **Wortfelder** erarbeiten (z. B. „sagen“, „gehen“), z. B. Plakate erstellen
Kollokationen nutzen: Wörter verknüpfen, die häufig miteinander vorkommen	Beispiel „Amsel“, z. B. **Mindmaps** erstellen, Gespräche, Schüler erzählen lassen, Wörterwolken ▪ **Nomen:** „Vogel“, „Flügel“, „Schnabel“ ▪ **Verben:** „fliegen“, „trällern“ ▪ **Adjektive:** „schwarz“

Beispiele für **Unterrichtssettings und Spielformen,** die zur Verknüpfung von Wortschatz anregen, sind:

- **Unterrichtsgespräche über Wörter:** Was ist eigentlich ein …? Mehrere Kinder äußern sich zum Wort und benutzen dabei automatisch andere Wörter.
- **Sortierspiele:** Wörter nach bestimmten Kriterien (Farbe, Größe, Können, Wortart, Artikel, …) sortieren (z. B. Reifen auf den Boden legen und Bildkarten hineinlegen)
- Memoryspiele: Was gehört zusammen (z. B. „Stuhl“ und „Tisch“) und warum? Was sind Gegenteilpaare (z. B. „groß“ und „klein“)?
- **Wimmelbücher, Situationsbilder, Bilderbücher, Bildergeschichten oder Comics:** Wörter werden in ihrem Kontext abgebildet und können zusammen mit ähnlichen anderen versprachlicht werden (z. B. Rätsel: „Ich sehe einen Mann, der …“; Geschichte anhand der Einzelbilder nacherzählen; eine Liste mit Bilderbuch-Empfehlungen findet sich im Online-Zusatzmaterial unter „Bilderbuecher Sprachfoerderung“).
- **Bilder schrittweise aufdecken (Kap. 4.3):** Durch das Sprechen und Raten über das Bild finden vielfältige Vernetzungen statt.

- **Rollenspiele und freie Spiele:** Wortschatz gegenständlich im Klassenzimmer präsentieren und im Rahmen von offenen Unterrichtsformen oder freien Phasen verfügbar machen. Durch die häufige und kreative Verwendung des Wortschatzes entstehen vielfältige Vernetzungen mit emotionalen Ankern (z.B. Kaufladen, Hand- oder Stabpuppen zu Büchern oder Geschichten, Kap. 6).

Wortabruf

Abrufhilfen

Wenn ein Schüler in einer Unterrichtssituation ein Wort akut nicht abrufen kann, sollte der Lehrer nicht einfach das Wort verraten, sondern Hilfen zum Abruf geben (Maria Montessori: „Hilf mir, es selbst zu tun."), um ein Erfolgserlebnis zu ermöglichen (mögliche Abrufschwierigkeiten Tab. 14; Abrufhilfen am Beispiel Kaktus Abb. 24).

Tab. 14: Beispiele für Wortfindungsschwierigkeiten

Mögliche Abrufschwierigkeiten eines Schülers	Interpretation
Schüler sitzt fragend da, überlegt	Evtl. gar kein Vorwissen, hat keine Abrufstrategien
„Wie heißt das nochmal?", „Das hab ich schon mal gesehen, aber wie heißt das??"	Rudimentäres Vorwissen, evtl. nur visuell oder zum Inhalt des Wortes. Der Schüler ist sich dessen aber bewusst und macht einen Metakommentar.
„eine Katus"	Rudimentäres Vorwissen zur Wortform bzgl. der genauen Aussprache der ersten Silbe und des Artikels
„eine Stachelblume"	Kreative Wortneuschöpfung, die mit dem Zielwort vernetzte Begriffe aufgreift: Stacheln, Kategorie „Pflanze"
„Ah ich weiß, fängt an mit ‚k', …, ‚k', ‚k', ‚k' …?	Schüler hat das Wort schon einmal gehört, evtl. sogar schon einmal gebraucht, die Wortform ist aber nicht sicher gespeichert, sondern nur der Wortanfang
„‚k' …, das Wort hat zwei Silben, aber ich komm nicht drauf"	Generell sind Wortanfang und -ende bzw. die Silbenstruktur besser gespeichert als die Wortmitte („Badewanneneffekt", Aitchison 1997)
„Auf arabisch heißt es صبار" („sabbar")	Das Kind hat in seiner zweiten Sprache einen Eintrag, kennt aber die deutsche Wortform nicht.

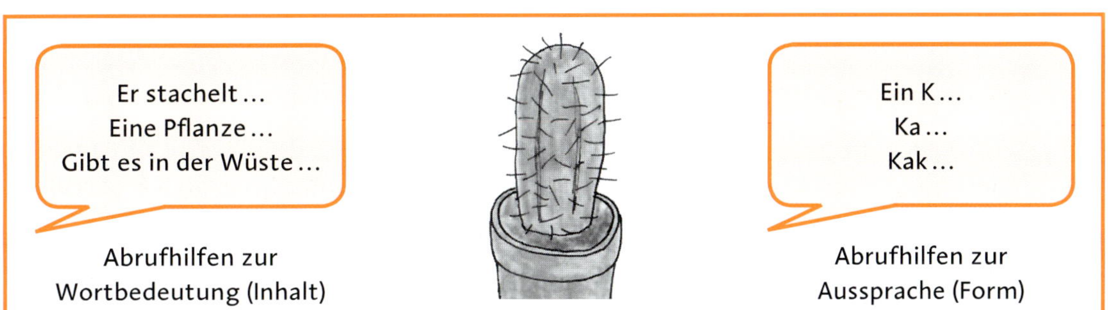

Abb. 24: Abrufhilfen am Beispiel „Kaktus"

Rituale und Strategien

Rituale und Strategien

Besonders geeignet für die Erarbeitung und langfristige Sicherung wichtiger Begriffe sind Rituale und Strategien. Beispielhafte Umsetzungen sind:

- **Wort des Tages/der Woche**
- **Fragende Handpuppe/Figur, z. B. aus Fernsehsendungen oder aus der Literatur:** die „Maus", „Piggeldy" – ein Schweinchen, das stets nach Begriffen fragt („Was ist ...?")
- **Frage-Hut:** Wer gerade während der Unterrichtsphase den Hut (den Schal, die Brille) etc. hat, ist für das Nachfragen zuständig
- **Wort-Schatzkiste im Klassenzimmer:** Neue Wörter in einer Schatzkiste im Klassenzimmer sammeln und regelmäßig für Spiele verwenden (z. B. Freitags-Quiz)
- **Wortschatzspeicher:** Fachwortschatz zu bestimmten Lernbereichen wird im Klassenzimmer durch Plakate visualisiert (Arand et al. 2017) (Abb. 25)
- **Wortschatzrakete:** Ritualisierte Umsetzung der Wortschatzarbeit, geeignet für die selbstständige Anwendung (Stumpf/Hufnagel 2016). Die im Abschnitt „Elaboration" angesprochenen Aspekte sind in Raketenform angeordnet. Für jeden Aspekt wurde eine exemplarische Übungsform für die Klasse ausgewählt, sodass das Wort am Ende gut und vielfältig gespeichert ist (Abb. 25).

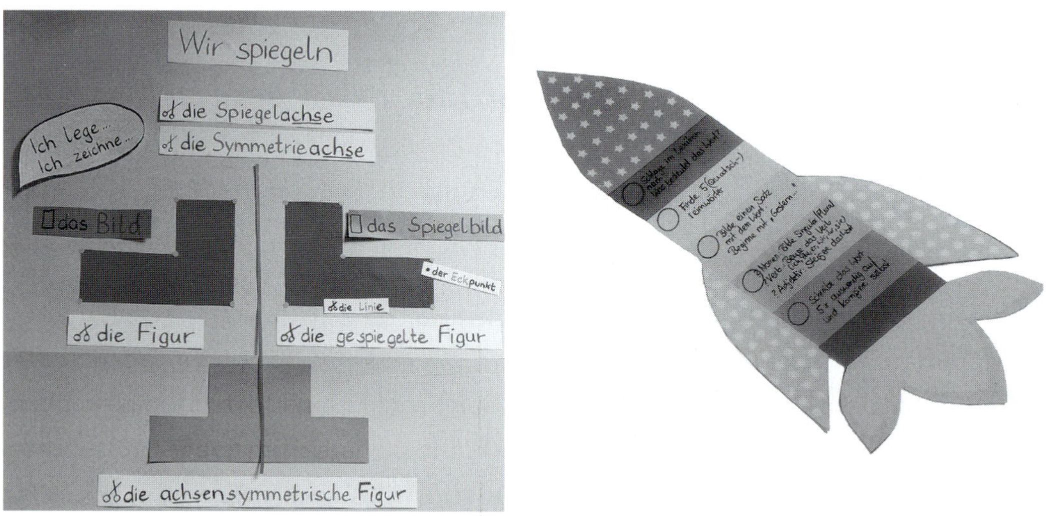

Abb. 25: Wortschatzspeicher „Symmetrie" (Arand et al. 2017, 172); Wortschatzrakete (Stumpf/Hufnagel 2016)

5.3 Grammatik fördern

Interaktion

Bei der Förderung im Bereich Grammatik geht es nicht um einen formalen Grammatikunterricht mit Pauken von Grammatikregeln. Vielmehr sollen grammatische Strukturen wie im normalen Spracherwerb in der gemeinsamen Interaktion und im gemeinsamen kommunikativen Handeln erworben werden (z. B. im dialogischen Gespräch oder bei einer Bilderbuchbetrachtung). Mögliche Zielstrukturen und Beispiele sind dazu im Folgenden veranschaulicht.

Grammatikförderung meint nicht formale, stupide Grammatikübungen, sondern sinnvolle Kommunikationssituationen, die die Schüler je nach sprachlichen Fähigkeiten zum Verstehen und Produzieren der Zielstruktur motivieren.

Falls Sie kurz und knapp grammatikalisches Fachwissen nachlesen wollen, empfehlen sich die Kurzgrammatiken der Verlage, z.B. Fleer 2016.

Auswahl geeigneter Zielstrukturen und Fördermaterialien

Je nach Entwicklungsstand der Schüler bzw. der Klasse (Kap. 1, Unterrichtsbeobachtungen) sollten grammatische Zielstrukturen ausgewählt und in den Unterricht als Lernangebote integriert werden. Dazu eigenen sich alle Fächer sowie unterschiedlichste Kommunikationsformate (z.B. Gespräch, Spiel, Bilderbücher oder Bildergeschichten). Sprachlich stärkere Schüler können als Modell dienen oder bereits schwierigere Strukturen angeboten bekommen.

Zielstrukturen

Für die Auswahl und Präsentation der Zielstrukturen sind u.a. Prinzipien des Konzeptes „Kontextoptimierung“ (Motsch 2017) hilfreich. Dies soll am Beispiel einer Unterrichtsphase (Geometrie) aus der DVD „Aufbau von Sprachkompetenz“ (ISB 2009) erläutert werden:

Beispiel Akkusativ („Wir verstecken den …“) und Ortsangaben mit Dativ („…hinter dem …“) (ISB 2009)

L: Wir suchen Verstecke für unsere Flächenformen und du musst sie dir merken! Wo verstecken wir *[Pause, L zeigt auf Rechteck]* … das da? *[Pause, L klopft auf die Form, Blickkontakt S, Schulterzucken]* Wo?

S1: In der gelben Mülltonne. *[Ortsangabe mit Dativ]*

L: Also, wie heißt das nochmal?

S1: Das Rechteck! *[Wortschatz Flächenformen, Artikel Nominativ]*

L: *[nickt]* Das Rechteck in der gelben Mülltonne! *[Nimmt Rechteck ab und geht damit zur Mülltonne, Blickkontakt]* Hinter *[Pause, betont]* … der gelben Mülltonne, sonst wird's ja schmutzig. *[S lachen; Ortsangabe Dativ]*

L: Wo verstecken wir das da? *[zeigt auf Drachen]*

S2: Hinter dem Geldkoffer. *[Ortsangabe Dativ]*

L: Also, dennnnn *[betont, Pause, auffordernder Blick, Modellieren Akkusativ]*

S2: Drachen … *[Wortschatz Flächenformen, Akkusativ]*

L: hinter …

S2: dem Geldkoffer. Usw. *[Ortsangabe mit Dativ]*

In der folgenden Sicherungsphase notieren alle Schüler auf einem Arbeitsblatt die Verstecke („hinter der Mülltonne, hinter dem Geldkoffer“; Vorgabe ist jeweils das Bild der Form).

→ In diesem Versteckspiel sind folgende Prinzipien zur Gestaltung kontextoptimierter Unterrichtsphasen zum Grammatiklernen erkennbar (Motsch 2017):

- **Hochfrequenter Einsatz der Zielstruktur:** Ortsangaben mit Dativ („hinter dem Geldkoffer“, für stärkere Schüler in Kontrast zum Akkusativ („den Drachen“) mit vielen zwingenden Sprechanlässen und anschließender Sicherung auf dem AB für alle (schriftliche Produktion des Dativs).
- **Kommunikativ notwendig bzw. zwingender Kontext:** Um den Ort zu beschreiben, muss zwingend der Dativ eingesetzt werden. Die Frage dazu ist „Wo?“.
- **Ausschalten von sprachlichen Verwirrern:** für schwächere Schüler nur Dativ (AB!) ohne den Ablenker Akkusativ, nur für stärkere Schüler mit enger Rückmeldung des Lehrers auch der Akkusativ („den Drachen hinter dem …“)
- **Beginn mit der kürzesten Zielstruktur („Sprich nicht in ganzen Sätzen!“):** Zu Beginn einer Sequenz zum Dativ reicht die Formulierung des Dativ-Satzglieds („Wo?“ – „Hinter dem Geldkoffer“), erst allmählich durch Impulse im ganzen Satz
- **Sensibilisierung für die Zielstruktur („Hör genau hin“ und „Wo spreche ich komisch?“):** Durch ein klares Mundbild, geschickte Pausen und Betonungen (laute, langsamere Sprechweise) sowie durch akustische Signale (Klopfen) erhöht der Lehrer die Aufmerksamkeit für die Zielstruktur, evtl. zusätzlich durch Wortkarten etc.

Beispiele und Ideen für einzelne Zielstrukturen

Im Folgenden werden häufige Zielstrukturen mit exemplarischen Umsetzungen kurz beschrieben.

Verbzweitstellung

Einfache Satzstrukturen mit Verbzweitstellung im Hauptsatz (z.B. Mathematik – Sachsituationen Einkaufen: „Jan **kauft** Eis“, „Alle Kinder **kaufen** Schokolade“): Verbzweitstellung meint dabei das zweite Satzglied, nicht das zweite Wort im Satz! Hilfreich für schwache Schüler sind Visualisierungsangebote: z.B. kann die Satzstellung durch Reifen und Realgegenstände am Boden oder durch gelegte Karten (Verbzweitstellung jeweils besonders markiert) verdeutlicht werden (Abb. 26; Motsch 2017).

Abb. 26: Visualisierung einer Einkaufssituation zur Verbzweitstellung (noch ohne Inversion): zunächst mit einfachen Mengenobjekten (Eis, Milch, Brot: „Ich kaufe Brot“ etc.), dann mit komplexen Objekten (Artikel nötig: „Ich kaufe eine Birne, einen Lutscher etc.; Foto nach Motsch 2017, 131).

Flexibilisierung

Flexibilisierung einfacher Satzstrukturen: Bei Sätzen mit Inversion findet sich das Subjekt hinter dem Verb, nicht wie gewohnt an der ersten Position davor (z.B. nicht nur „*Jan* kauft Eis“, sondern auch „Eis kauft *Jan*“ bzw. „Zuerst kaufe *ich* Eis, dann bezahle *ich*“). An die erste Position im Satz rutscht z.B. das Akkusativ-Objekt („Eis“) oder ein Adverb („zuerst“, „dann“). Das Verb selbst bleibt jedoch immer in der zweiten Position! Beispiele für die Verwendung im Unterricht sind Sachsituationen (Abb. 26), aber auch die Einführung von Grundrechenarten (Abb. 27).

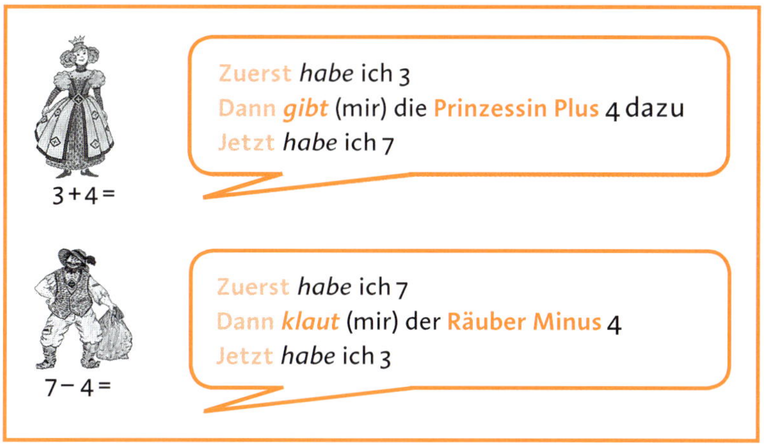

Abb. 27: Unterrichtsbeispiel Mathematik: Versprachlichung bzw. handlungsbegleitendes Sprechen bei der Einführung der Addition und Subtraktion, Zielstruktur: Inversion; rechts Umsetzung zur Sicherung als Arbeitsblatt inkl. der sprachlichen Satzstarter („zuerst“, „dann“, „jetzt“)

Fragesätze

W-Fragen (z.B. Wimmelbilderbücher dialogisch betrachten, wobei die Schüler auch selbst Fragen stellen: „Wo ist ein Hund?“, „Wer schaukelt?“) **und Satzfragen** („Scheint gerade die Sonne?“): Zunächst könnten der Lehrer oder sprachlich starke Schüler die Fragen stellen und damit Modelllernen ermöglichen. Schwächere Schüler hören die korrekte Äußerung, bevor sie sie dann selbst einsetzen (Rezeption vor Produktion). Neben Bilderbüchern sind z.B. auch Spiele gut geeignet (Kap. 6).

Nebensätze

Nebensätze werden durch ein unterordnendes Bindewort (Subjunktion) eingeleitet, wobei für Kinder manche Bindewörter (z.B. „weil“, „wenn“, „dass“) zunächst leichter sind als andere (z.B. „obwohl“). In Nebensätzen wird in der Hochsprache das Verb nicht wie im Hauptsatz an die zweite Position gesetzt, sondern ans Satzende (Verbendstellung; z.B. Hauptsatz: „Ich *fahre* heim“, Nebensatz: „…, **weil/wenn** ich heim*fahre*“). Bei „weil“ wird jedoch dialektbedingt in der mündlichen Kommunikation oder in der Jugendsprache auch die Satzstellung „**weil** ich *fahre* heim“ (Verbzweitstellung wie im Hauptsatz) genutzt. Die Förderung von Nebensätzen ist in der Schule sehr wichtig, weil dadurch Zusammenhänge verbalisiert werden können, und zugleich leicht umsetzbar. Ein Beispiel sind Vermutungs- („Ich vermute, dass Holz schwimmt“) oder Begründungsphasen („Holz schwimmt, weil …“) im Sachunterricht (Kap. 4.4, Beispiel Satzstarter).

Artikel

Nomen werden im Deutschen von bestimmten (der, die, das) oder unbestimmten (ein, eine) Begleitern (Artikeln) „begleitet“, wobei die Zuordnung nur selten regelbasiert ist (z.B. weibliche Personen – die/eine). Wenn Kinder ein Nomen lernen, muss der Artikel daher immer mit gespeichert werden. Wörter sollten im Unterricht sowohl mündlich als auch schriftlich stets mit Artikel präsentiert werden. Symbole, Visualisierungshilfen oder Zuordnungsaufgaben erleichtern das Merken (Abb. 28; Kopiervorlage/Download „Artikelsymbole“).

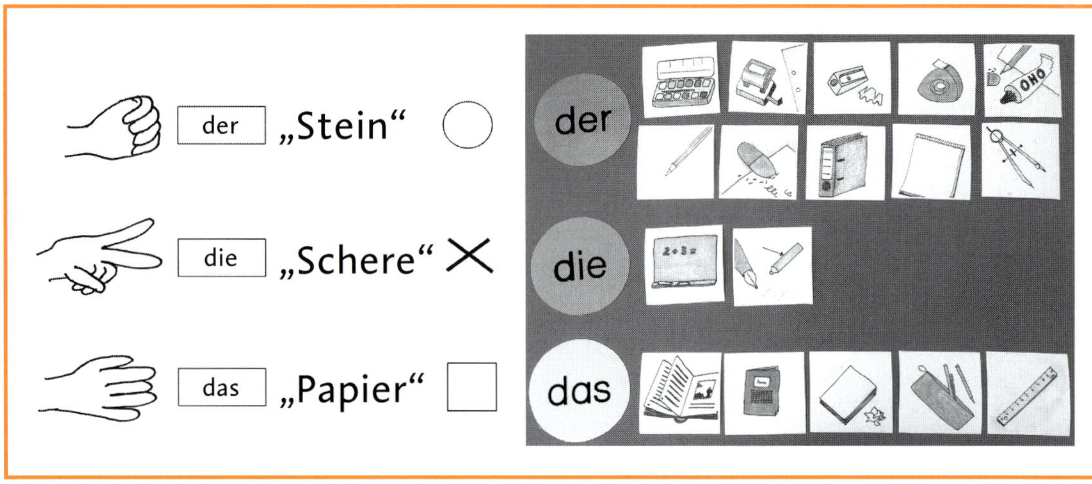

Abb. 28: Visualisierungsmöglichkeiten für Artikel: Handzeichen angelehnt ans „Knobeln“, Wortkarten, Symbole; rechts Zuordnungsübung „Schulsachen“ mit Visualisierung der Artikel durch Farben („der“ blau, „die“ rot, „das“ gelb); (Kopiervorlage/Download „Artikelsymbole“)

Nomen-Wortkarten sollten stets den bestimmten Artikel zeigen. Der unbestimmte ist nicht eindeutig (der Stein, das Papier – ein Stein, ein Papier; männlicher (maskulinum) und sächlicher (neutrum) Artikel sind uneindeutig). Auch Bildkarten können mit Artikel(symbol) gekennzeichnet werden.

Plural Es gibt im Deutschen verschiedene Arten, die Mehrzahl (Plural) zu bilden (z.B. ohne Markierung: die Adler; mit -s: die Autos; mit -n: die Hasen; mit Umlautung und -er: die Häuser etc.). Aufgrund uneindeutiger Regeln müssen Kinder die korrekte Pluralform ebenfalls beim Wortschatzerwerb mit speichern. Im Unterricht sollte deshalb im Rahmen des Gesprächs über ein neues Wort auch der Plural mit angeboten werden (z.B. „Hast du auch einen Hut?“, später im Plural: „Was gibt es denn für Hüte?“). Effizient lässt sich Pluralbildung z.B. im Rahmen des Rechtschreibunterrichts mit der Wörterkiste üben: Auf den Karteikarten der im Unterricht genutzten Rechtschreibkartei sollten nicht nur Nomen im Singular (Einzahl), sondern auch im Plural abgebildet sein (Abb. 29).

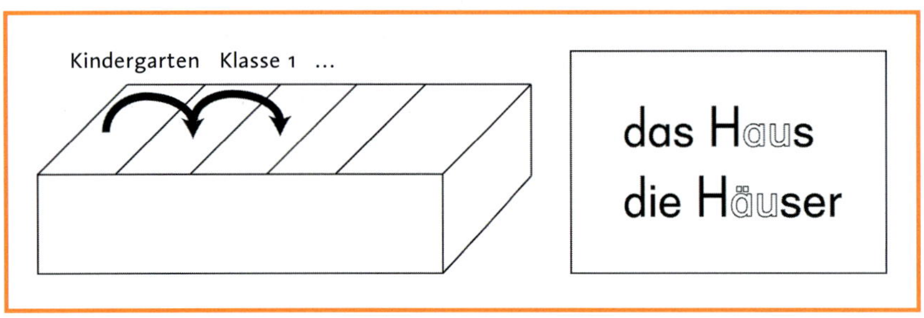

Abb. 29: Einsatz der Wörterkiste im Rechtschreibunterricht: Richtig geschriebene Karten wandern immer ein Fach weiter. Auf einer Karteikarte findet sich das Nomen im Singular und im Plural (Reber 2017, 175)

Akkusativ Der Akkusativ ist im Deutschen der 4. Fall (Frage „Wen oder was?“ oder in Präpositionalphrasen „Wohin?“). Erkennbar markiert wird dabei nur die männliche Form („der“ wird zu „den“), „die“ und „das“ bleiben gleich. Geeignet zur Förderung des Akkusativs im Unterricht sind z.B. Bildbetrachtungen mit der Formulierung „Ich sehe …“ (+ Akkusativ): das schrittweise Aufdecken eines Bildes (Kap. 4.3), das Beschreiben eines Wimmelbildes oder eines Bilderbuchs oder auch Bildbetrachtungen im Fach Kunst.

Weitere Situationen sind:

- kaufen („Ich kaufe einen Apfel“): Kaufladen, Sachrechnen
- fressen/essen („Ich esse einen Apfel“): Bilderbücher, Sachunterricht Ernährung
- füttern („Ich füttere den Tiger“): Zoo, Sachunterricht Lebensräume
- hören („Ich höre den Tiger“): Musik, Hörbeispiele, auch in Kombination mit Perfekt-Förderung: „Ich habe den Tiger gehört“ usw.

Dativ

Der Dativ als 3. Fall wird erst nach dem Akkusativ erworben und seltener benötigt (Frage: „Wem?“, in Präpositionalphrasen „Wo?“). Typische Verben, die ein Objekt im Dativ haben können, sind „schenken“, „geben“, „schreiben“, „klauen“, „zeigen“, „gehören“ etc.

Ein **Umsetzungsbeispiel** zeigt Abb. 30. Im Bereich Musik/Werkhören wiederholen die Schüler zu Beginn der Unterrichtsstunde die bisherige Handlung der Geschichte „Peter und der Wolf“ (erarbeitet mithilfe des musikalischen Bilderbuchs nach Loriot/Müller 2002). Dazu beschreiben sie, wer gerade wo ist, z.B.: „Der Vogel ist **am** Baum“ (Tonbeispiel Querflöte mit hohen, schnellen Tönen, Klanggeste „Hand nach oben“). Der Dativ ist hier nur bei Nomen im Maskulinum/Neutrum mit der Endung „m“ gefordert (im Haus, am Baum, im Teich), die mit dem Handzeichen „m“ visualisiert werden kann).

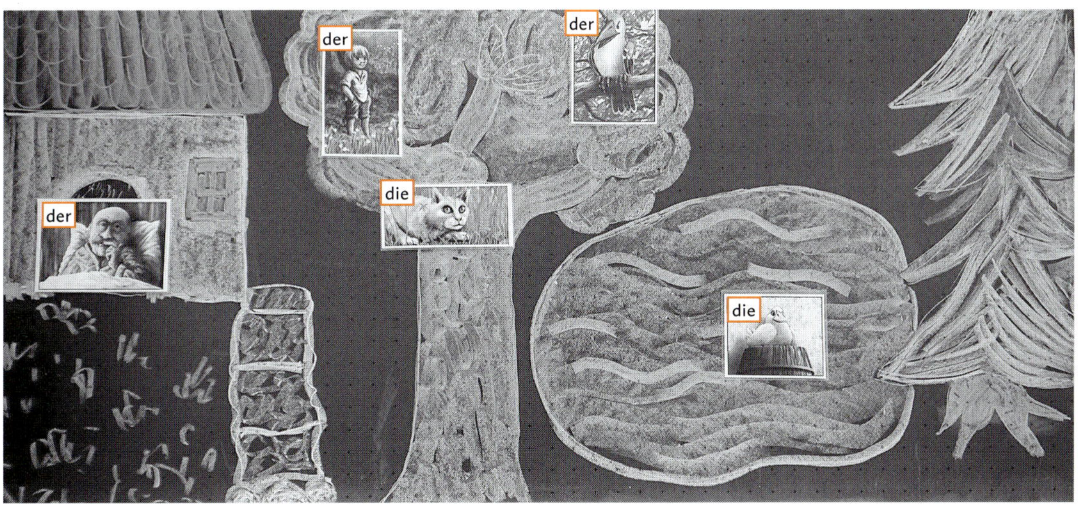

Handzeichen „m“ hier für Dativ-Endung

Abb. 30: Zielstruktur Dativ (Wer ist wo?) im Musikunterricht: „Peter und der Wolf“ (Loriot/Müller 2002) mit einem beweglichen Tafelbild zur Unterstützung (Schönauer-Schneider/Reber 2016, 150)

Visualisierungen

Förderideen zur Visualisierung: Karten, Plakate & Co

In der Praxis empfiehlt es sich, das sprachliche Lernen durch visuelle Hilfen zu unterstützen, um den auditiven Kanal zu entlasten. Dazu eigenen sich **Gesten** (z.B. Hände nach oben für die Visualisierung der Präposition „auf“), **Handzeichen** (z.B. Handzeichen „m“ für die Dativ-Endung „m“ (Download einer ausführlichen Handzeichenübersicht möglich bei Reber/Steidl 2012), **Symbole** oder **Schrift** (z.B. für die Artikel) in Form von **Klappkarten**, Artikelkarten (für Kinder, die noch nicht lesen können, evtl. nur teilweise verschriftlicht), **Merkplakate** oder auch die Visualisierung ganzer **Zielstrukturen im Tafelbild** (Abb. 31).

Abb. 31: Mögliche Visualisierungen zu grammatischen Strukturen

Weiterführende Praxismaterialien

Berg (2011) beschreibt Spielformate, Projekte, Märchen, Bilderbücher, Lieder, Gedichte und Unterrichtsstunden zur Grammatikförderung nach dem Konzept der Kontextoptimierung. Unterrichtsspiele zu verschiedenen Themen und Zielstrukturen (z. B. Adjektive, Verben, Nomen, Satzbau; eigentlich für den DAZ-Bereich) finden sich in Wilkening (2013). Belke (2014 a) zeigt Unterrichtsideen im Schnittbereich Grammatik und kreatives Schreiben (auch: generatives Schreiben). Spielformate für den Einsatz an Stationen oder in der Kleingruppe beschreiben Brügge/Mohs 2016 (Abschnitt Syntax), Wildegger-Lack 2011 (Spielideen und Kopiervorlagen), Wilhelm 2014 (Frei-, Rollen- und Regelspiele) oder Lingoplay 2011 (Spiele und Kopiervorlagen).

Motsch, H.-J. (2017): Kontextoptimierung. Evidenzbasierte Intervention bei grammatischen Störungen in Therapie und Unterricht. 4., völlig überarb. Aufl. Ernst Reinhardt, München

5.4 Kommunikation fördern

Kinder mit Auffälligkeiten in der Kommunikation profitieren von klaren Gesprächsregeln und sprachfördernden Unterrichtsprinzipien (Kap. 4.2).

Rollenspiele

Daneben können dialogische Sprechanlässe einer gezielten Förderung dienen, z. B. als Rollenspiele zu Kontexten aus der kindlichen Lebensumwelt (z. B. Essen beim Drive-in bestellen; Spielzeugverkäufer nach einem Spiel fragen). Kinder mit Sprachstörungen erweisen sich hier jedoch als wenig kreativ und sprachlich zurückhaltend. Requisiten, wie Masken, Kopfbedeckungen, Kleidung oder Gegenstände motivieren zum kommunikativen Handeln. Gezielte sprachliche Hinweise („Du willst einen Hamburger. Was kannst du sagen?“) oder vorgegebene Satzanfänge („Ich möchte …“) und Alternativen ermöglichen Erfolgserlebnisse. Auch knappe, verkürzte Äußerungen („Bitte einen Hamburger“) sollten zur Stärkung des Selbstwertgefühls gewürdigt werden.

Sandkasten

Abb. 32: Erzählen und Handeln mit dem Sandkasten

Schöne Figuren oder Bühnen wecken dabei Kreativität: Mit Stabfiguren kann man z.B. ein Erzähl- oder Schattentheater aufführen. Im dreidimensionalen Setting Sandkasten (Sand, mit einem Sieb geriebener Kreidestaub, Realgegenstände) werden komplexe Handlungen nachgespielt oder erfunden (Benda/Gangkofer 2012; Abb. 32). Mit laminierten, ausgeschnittenen Schülerfotos, die mit im Sandkasten agieren, ist ein persönlicher Bezug herstellbar bzw. sind Perspektivenwechsel (z.B. Ich-Erzähler) nachvollziehbar.

Unterrichtsideen zum kreativen Erzählen finden sich in den Praxis-Sprache-Themenheften 1 und 2/2012 (www.dgs-ev.de/index.php?id=519), im Projekt von Hauk-Thum (www.mit-erzaehlen-schule-machen.de: Ideen, Schulprojekte und Beispielvideos) oder bei Claussen (www.hofheimer-erzaehlwerkstatt.de: Buchtipps und Materialien). Ein Unterrichtskonzept findet sich bei Fehrenbach/Kutscher (2011).
Grundlagen beschreiben Achhammer (2014) sowie Achhammer et al. (2016).
Achhhammer, B., Büttner, J., Sallat, St., Spreer, M. (2016): Pragmatische Störungen im Kindes- und Erwachsenenalter. Georg Thieme Verlag, Stuttgart/New York.

5.5 Redefluss fördern

Kinder mit Redeflussstörungen besuchen schon seit längerer Zeit vorrangig die Regelschule. Nichtsdestotrotz erschweren ihnen zahlreiche sprachliche Barrieren den Kommunikations- und Lernerfolg, sodass sie im gemeinsamen Unterricht neben dem Nachteilsausgleich (Kap. 3) folgende Hilfestellungen benötigen (Lattermann/Neumann 2005; Thum 2011):

Positives Gesprächsverhalten

- entspannter Blickkontakt zum Kind mit ruhigem und gelassenem Reagieren auf Stottersymptome und „aktivem Zuhören“ bzw. Reaktion auf den Inhalt der Äußerung
- Zeit für Antworten geben und ausreden lassen (nicht die Sätze beenden!)
- Absprachen zur mündlichen Mitarbeit treffen (z.B. „Ich nehme dich nur dran, wenn du dich meldest“)
- Schwankungen der Sprechflüssigkeit beachten: an Tagen mit guter Sprechflüssigkeit mehr Mitarbeit fordern, an Tagen mit geringerer Flüssigkeit weniger (häufig vor aufregenden Ereignissen wie Geburtstag, Weihnachten)

Unterrichtsgestaltung

- nicht nach dem Alphabet oder der Sitzordnung aufrufen (erhöht den Erwartungsdruck: „jetzt bin ich gleich dran")
- Vermeiden von mündlicher Mitarbeit unter Zeitdruck (Vorsicht: z.B. Rechenkönig/Spiele, bei denen die Geschwindigkeit der Äußerung zählt, nicht unbedingt der Inhalt)
- Vorlesen: in Zweiergruppe, Chorlesen oder zu Hause auf Kassette oder Video aufzeichnen lassen

5.6 Stimme fördern

Bei Auffälligkeiten im Bereich Stimme sind stimmhygienische Maßnahmen förderlich, u.a.:

- gute Raumakustik, saubere und feuchte Luft, Lärmprävention (Kap. 4.1)
- bei Erkältungen wenig und leise sprechen, nicht flüstern
- lockere, aufrechte Körperhaltung und Zwerchfellatmung (evtl. gezielte Atemtechnik bei Referaten)
- Kinder zu Wort kommen lassen, als Lehrer in der Nähe stehen, sodass das Kind auch leise antworten kann
- Stimmbildungsübungen (Nachahmen von Tierstimmen, Geräuschen, Rufspiele) und Wahrnehmung stimmlicher Parameter (Kontraste wie hoch – tief, laut – leise) z.B. in Musik vor Liederarbeitungen einbauen (Bereiche: Atmung, Stimmgebung, Artikulation)
- Gefühle stimmlich ausdrücken

Unterrichtsideen, Beispiele und Ideen zur Sprachförderung und zur Unterrichtsgestaltung: www.sprachheilwiki.de, und in der Informationsbroschüre der dgs „Sprachliche Bildung und Sprachförderung in der Schule": http://sprachfoerdrung.dgs-ev.de

Weitere Grundlagen zum inklusiven Unterricht bei Lüdtke, U., Stitzinger, U. (2017): Kinder mit sprachlichen Beeinträchtigungen unterrichten. Ernst Reinhardt, München

6 Praxismaterialien

In der Inklusion eignen sich Bilderbücher, Spiele und neue Medien zur niveaudifferenzierten und gezielten Sprachförderung, insbesondere in offenen Unterrichtsphasen wie dem Stationenlernen. Diese sind im folgenden Kapitel mit Beispielen erläutert. Zusätzlich finden sich Materialtipps.

6.1 Bilderbücher

Bilderbücher, Bildergeschichten und auch Comics sind ideal zur Sprachförderung, da Inhalte neben dem sprachlichen Kanal auch visuell dargestellt sind. Grundsätzlich können diese auf verschiedene Arten eingesetzt werden:

- **Unverändert:** Viele Bilderbücher bieten bereits ohne Inhalts- oder Textveränderung Zielstrukturen hochfrequent und kommunikativ zwingend an: Z.B. enthält das Bilderbuch „Die Raupe Nimmersatt“ (Carle 1972) viele Stellen mit Akkusativ, wenn die Raupe verschiedenste Dinge frisst (einen Apfel, einen Kuchen, ...).
- **Adaptiert:** Alternativ kann man Bilderbücher auch verändern (z.B. Text oder Handlungsgang verändern, einfache Sprache verwenden, Kap. 4) oder kleine Erzähl-Exkurse einbauen bzw. die Geschichte kreativ weiterspinnen (z.B. eine Raupen-Handpuppe frisst sich durch die Schultaschen der Kinder: Akkusativ und Wortschatz Schulmaterialien).
- **Zuhörend bzw. lesend:** Der Lehrer oder die Schüler lesen vor oder lesen selbst. Das Verstehen wird durch Gespräche über den Handlungsfortgang oder zum verwendeten Wortschatz („Was ist eigentlich ein ...?“, „Markiere schwierige Wörter ...“) sichergestellt.
- **Erzählend bzw. vermutend (dialogische Bilderbuchbetrachtung):** Das Bilderbuch dient als Kommunikationsanlass. Es wird immer wieder inne gehalten, um Vermutungen über den Handlungsfortgang anzustellen („Ich vermute, dass der Räuber ...“). Hilfreich sind in diesem Fall Bildabdeckungen, Lochmasken, Wortkarten inkl. Lesekrokodil, Pfeile und Lupen (zum Fokussieren), Bildvergrößerungen, (Leer-)Sprechblasen, Arbeitsblätter mit Sprechblasen, Handpuppen, Stabfiguren, Realgegenstände zur Umsetzung als Rollenspiel, Sandkasten etc. (Abb. 32, 33).

Abb. 33: Hilfreiche Requisiten zum Einsatz des Bilderbuchs „Das Ei“ (Van Zeveren 2011) in einer ersten Klasse (Buchstabeneinführung <ei>, Reber 2012, 43/44)

Weitere Ideen zum Einsatz und zur Umsetzung von Bilderbüchern im Unterricht finden sich in „Werkstatt Bilderbuch“ (Hollstein/Sonnenmoser 2006).

Beispielhafte sprachliche Kriterien zur Auswahl von Bilderbüchern

sprachliche Kriterien

- Handlungen als aktive Sprechanlässe (v.a. sich wiederholende Elemente: Zuerst frisst die Raupe …, dann frisst sie …).
- Hochfrequente Umsetzung der Zielstruktur (des Lautes, des Wortfeldes, der grammatikalischen Zielstruktur), z.T. als wiederkehrender Refrain.
- Allgemeine Kriterien wie geeignetes Thema, Komplexität des Handlungsverlaufs, graphische Gestaltung, …

Beispielhafte Bilderbücher zur Sprachförderung finden sich im Online-Material unter „Bilderbuecher Sprachfoerderung" sowie im Sprachheilwiki (inkl. Ideen zur Umsetzung): www.sprachheilwiki.de

6.2 Spiele

Spielformen

Im Spiel lässt sich Sprache besonders gut fördern, da dies intrinsisch motiviert, fantasievoll, selbstbestimmt und oft ritualisiert ist (Oerter/Montada 2008). Je nach Alter eignen sich dabei unterschiedliche Spielformen unterschiedlich gut: Während zu Beginn der Schulzeit gerade Kinder mit Entwicklungsverzögerungen noch **Rollenspiele** (z.B. einkaufen, beim Arzt, Polizei und Räuber) benötigen, spielen Jugendliche und Erwachsene lieber **Regelspiele** (z.B. Würfel- oder Kartenspiele). Die Kriterien zur Auswahl von guten Spielen ähneln den Auswahlkriterien von Bilderbüchern (Kap. 6.1, Reber/Wildegger-Lack 2020).

Beispiele für sprachintensive Rollenspielformate (weitere Ideen finden sich im Online-Zusatzmaterial unter „Spiele Sprachfoerderung"):

Rollenspiele

- **Einkaufen:** Ich kaufe … – Was kaufst du? (Subjekt-Verb-Kongruenz, Akkusativ, Wortschatz und Aussprache je nach Vorräten im Kaufladen). Ich kaufe Eis – Eis kaufe ich (Verbzweitstellung). Im Kaufladen gibt es Brot, Schokolade, … Einkäufe steuerbar über Einkaufszettel (mit Schrift oder Bildern)
- **Tiere füttern:** Die Kuh mag … Der Hase mag (Wortschatz Tiere, Akkusativ). Heute frisst die Kuh nur Dinge mit „s" (Aussprache). Die Schlange hat zu viel gefressen und spuckt alles wieder aus: Sie hat … gefressen (Perfekt, Akkusativ)

Beispiele für Regelspiele zur Sprachförderung:

Regelspiele

- **Koffer packen:** Ich packe meinen Koffer und nehme … mit! (Akkusativ, Wortschatz je nach gewähltem Thema, Aussprache: Nur Dinge mit „s" dürfen mit etc.)
- **Ich sehe was, was du nicht siehst,** und das ist … / hat … (Aussprache „s", Wortschatz je nach Thema, Vernetzung von Wörtern). Ist es …? (Fragen)
- **Dalli, dalli:** Innerhalb einer bestimmten Zeit im Team abwechselnd möglichst viele Wörter zu einem Begriff oder Thema oder Assoziationen zu einer Frage nennen, vgl. gleichnamige (damalige) Fernsehshow, z.B. mit 30 Sekunden Zeit: „Welche Tiere gibt es im Wald" (Wortschatz Wald), „Löwen sind gefährlich, weil …" (Nebensätze mit „weil")
- **Dingsda:** Einen Begriff umschreiben und erklären, ohne ihn zu verwenden (vgl. gleichnamige (damalige) Fernsehshow; Wortschatz, Vernetzung)

- **Blinde Kuh (Ravensburger):** Ich fühle … Ist das ein/eine …? (Akkusativ, Subjekt-Verb-Kongruenz, Frage)
- **Nanu? (Ravensburger):** Ich lege den roten Deckel über die Kuh. Unter dem roten Deckel ist die Kuh. Etc. (Akkusativ, Dativ, Präpositionalphrasen, Wortschatz je nach Bildmaterial, Farben)
- **Quartett:** Hast du die/den …? Hast du den grünen Apfel? Ich habe … (Akkusativ, Subjekt-Verb-Kongruenz, Frage, Nominalphrasen, Adjektive)

Tipps zum Einsatz von Spielen in der Sprachförderung finden sich bei Reber/Wildegger-Lack (2020) sowie Wildegger-Lack (2011). Eine Spielsammlung mit konkreten Spielideen haben Brügge/Mohs (2016) zusammengestellt. Spielideen für den Bereich Grammatik (Frei- und Rollenspiel) finden sich z.B. bei Wilhelm (2014). Regelspiele wie Würfel-, Karten- oder Geschicklichkeitsspiele kann man z.B. mit der zabulo Spiel-Werkstatt (Reber/Steidl 2016a) auch schnell selbst erstellen (Abb. 34).

Abb. 34: Mit dem Computerprogramm zabulo (Reber/Steidl 2016a) selbst erstellte Spiele („Glückspilz“, „Wörter versenken“ und „Kugelfußball“)

6.3 Neue Medien

Auch neue Medien lassen sich hervorragend zur Sprachförderung einsetzen (im Überblick Reber 2016, Reber/Wildegger-Lack 2020; eine Übersicht von Lernsoftware und Apps findet sich im Online-Material unter „Software und Apps Sprachfoerderung“).

Lernsoftware zur Sprachförderung

Medienwerkstatt Mühlacker (2019): Lernwerkstatt Grundschule. In: www.lws9.de (Windows; phonologische Bewusstheit, Schriftspracherwerb, Deutsch, Wortschatz)

Nodari, C., Wittwer, S. (o.J.): Multidingsda. Lehrmittelverlag des Kantons Zürich, Zürich (Windows; Wortschatz, DAZ)

Reber, K., Steidl, M. (2016): Computerprogramm zabulo. Individuelle Lernmaterialien selbst erstellen. paedalogis, Weiden. In: www.paedalogis.com (Windows, MacOS; phonologische Bewusstheit, Schriftsprache, Wortschatz, DAZ) (auch als iOS-App)

Apps für Tablets und mobile Endgeräte (weitere Ideen im Online-Material)

Wimmelbuch-Apps, z.B. Mein Bauernhof (Wonderkind GmbH 2020; iOS; Wortschatz)

Interaktive Bilderbücher, z.B. Hut-Affe (Fox and Sheep GmbH 2018; iOS; hier Präpositionen, Verben)

Book Creator (Red Jumper Limited 2019; iOS; Erzählen, Wortschatz, Grammatik: eigene digitale Bücher erstellen)

Lexico Verstehen (Pappy GmbH 2019; iOS; Sprachverständnis, Wortschatz: Spiele und Rätsel zu bestimmten grammatikalischen Zielstrukturen, z.B. Verstehen von Präpositionen: Das richtige Bild zum gehörten Satz zeigen)

Puppet Pals HD (Polished Play LLC 2018; iOS; interaktives Erzählen mit Handpuppen: Erzählvideos mit beliebigen Charakteren drehen; alle Wortfelder und Zielstrukturen, je nach Thema)

Schatzkiste Sprache (Edulingu Apps 2014; Android, iOS; Übungen, Spiele und Geschichten zum Laut „sch")

Scribblenauts Remix (Warner Bros. International Enterprises 2018; Android, iOS, Windows; Schreiben, Wortschatz: eigentlich ein Abenteuerspiel, in dem man Levels lösen muss, indem man sich Gegenstände per Eintippen wünscht und diese anwendet)

Einen Überblick über interessante Apps im Bereich Sprache bekommt man unter: www.karin-reber.de/2018/10/28/appliste

Neben Computern und Tablets lassen sich auch kleine Geräte sinnvoll für die Sprachförderung nutzen. Stets sollte man jedoch darauf achten, dass das Arbeiten mit dem Medium nicht die Kommunikation ersetzt, sondern Anlass für Gespräche ist. Daher ist es gerade bei jüngeren Kindern wichtig, dass diese mindestens zu zweit genutzt werden. Um mehrere Kopfhörer an ein Gerät anschließen zu können, benötigt man sogenannte Audioweichen bzw. Audio-Vielfach-Adapter. Weitere hilfreiche Kleingeräte zeigt Tabelle 15.

Tab. 15: Hilfreiche Geräte zur Sprachförderung

Gerät	Beschreibung
	**Talking Points** (erhältlich z.B. über Ariadne, www.ariadne.de): Drückt man den Schalter, wird z.B. eine aufgenommene Arbeitsanweisung beliebig oft wiedergegeben (Mikrophon und Kopfhörerausgang eingebaut, Schild variabel im Deckel einlegbar)
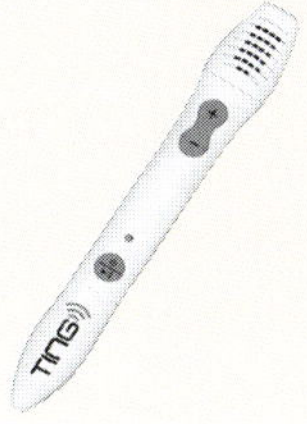	**Hörstifte (z.B. Ting, TipToi, AnyBook Reader):** Tippt man mit einem Hörstift auf eine bestimmte Stelle in einem dazu passenden Buch, wird ein Text vorgelesen, ein Lied oder Geräusch ertönt, ein Arbeitsauftrag oder ein interaktives Spiel wird gestartet etc. Der Ting-Hörstift ist verlagsübergreifend, der TipToi von Ravensburger. Mit dem AnyBook Reader kann man eigene Bücher vertonen.

6.4 Weitere Materialien

Praxisbuch zur Sprachförderung mit Medien

Reber, K., Wildegger-Lack, E. (2020): Sprachförderung mit Medien: Von real bis digital. Wissenswertes für Eltern, Pädagogen und Therapeuten. Schulz-Kirchner, Idstein

Materialsammlungen und Zeitschriften

Zeitschrift: *Praxis Sprache. Fachzeitschrift für Sprachheilpädagogik, Sprachtherapie und Sprachförderung. In: https://praxis-sprache.eu (Zeitschrift mit Downloadbereich für Praxismaterialien)*

Zeitschrift: *Sprachförderung und Sprachtherapie in Schule und Praxis. In: www.verlag-modernes-lernen.de/zeitschriften/sprachfoerderung*

Online-Plattform: *SprachHeilWiki (www.sprachheilwiki.de; Informationen zu Sprachstörungen, aber auch Fördermaterialien und -ideen, Bilderbuchtipps, Unterrichtsstunden-Beispiele)*

Materialverzeichnis: *Mötsch, R.-M. (2008): Sonderpädagogische Bausteine. Sonderpädagogisches Förderzentrum Mobile Sonderpädagogische Dienste, Hunsrückstr. 55, 93057 Regensburg, ruthmariamoetsch@sfz-regensburg.by.lo-net2.de*

DVD-Videobeispiele zur Sprachförderung im Unterricht (auch für Fortbildungen)

Institut für Schulqualität und Bildungsforschung (ISB) (2009): Aufbau von Sprachkompetenz. München. In: www.isb.bayern.de/schulartspezifisches/materialien/aufbau-von-sprachkompetenz/

Schönauer-Schneider, W., Schweiz, B. (2006): Sprache lernt man nur durch Sprechen. Bausteine zur Sprachförderung im Unterricht. LMU Unterrichtsmitschau, München. In: medien.edu.lmu.de

Hauk-Thum, U., Ritter, K., Schweiz, B., Schmitt, M.H. (2010): Dem Drachen erzählen. LMU Unterrichtsmitschau, München. In: http://medien.edu.lmu.de

Literatur

Achhammer, B. (2016): Stimme – Abstimmung auf den Schulalltag. Praxis Sprache 61 (2), 119–124

Achhammer, B. (2014): Pragmatisch-kommunikative Fähigkeiten fördern. Grundlagen und Anleitungen für die Sprachtherapie in der Gruppe. Ernst Reinhardt, München

Achhammer, B., Reber, K. (2014): Durch Sprache handeln: Kommunikation gestalten. Praxis Sprache 59 (2), 106–110

Adams, I., Struck, V., Tillmanns-Karus, M. (1996): Kunterbunt rund um den Mund. Materialsammlung für die mundmotorische Übungsbehandlung. verlag modernes lernen, Dortmund

Aitchison, J. (1997): Wörter im Kopf. Eine Einführung in das mentale Lexikon. M. Niemeyer, Tübingen

AOK (2016): Heilmittelbericht 2016. In: https://www.wido.de/fileadmin/Dateien/Dokumente/Publikationen_Produkte/Buchreihen/Heilmittelbericht/wido_hei_hmb_2016.pdf, 9.8.2020

Arand, B., Ruppert-Guglhör, I., Schlamp-Diekmann, F., Schröter, A., Steigerwald-Wimmer, M. (2017): Wortschatzrituale im Unterricht. Praxis Sprache 62 (3), 170–174

Bauer, A., Fraas, I., Schlesinger, I. (2013): Kooperative Sprachförderung (KSF) – ein Weg in die Inklusion. Praxis Sprache 58 (4), 251–253. In: www.dgs-ev.de/themenheft-inklusion, 9.8.2020

Bayerisches Staatsministerium für Bildung und Kultus, Kunst und Wissenschaft (2016): Neuregelung zu Nachteilsausgleich und Notenschutz (Umsetzung Bundesverwaltungsgerichtsurteil). München

Belke, G. (2014a): Poesie und Grammatik. Kreativer Umgang mit Texten im Deutschunterricht mehrsprachiger Lerngruppen: für die Vorschule, Grundschule und Orientierungsstufe: Textkommentar. 4. Aufl. Schneider Verlag Hohengehren, Baltmannsweiler

Belke, G. (Hrsg.) (2014b): Mit Sprache(n) spielen. Kinderreime, Gedichte und Geschichten für Kinder zum Mitmachen und Selbermachen. 5. Aufl. Schneider Verlag Hohengehren, Baltmannsweiler

Benda, B., Gangkofer, U. (2012): Lernen mit der 3. Dimension – Förderung der Erzählkompetenz mit dem Medium Sandkasten. Praxis Sprache 3 (2), 21–24

Berg, M. (2018): Kontextoptimierung im Unterricht. Praxisbausteine für die Förderung grammatischer Fähigkeiten. 3., aktual. Aufl. Ernst Reinhardt, München

Beushausen, U. (2016): Gruppenangebote für Kinder zur Förderung der Stimmfunktion. Praxis Sprache 61 (2), 133–136

Brügge, W., Mohs, K. (2016): Therapie bei Sprachentwicklungsstörungen. Eine Übungssammlung. Sprachtherapie. 5., überarb. Aufl. Ernst Reinhardt, München

Carle, E. (1972): Die kleine Raupe Nimmersatt. Gerstenberg, Hildesheim

Dannenbauer, F.M. (2002): Grammatik. In: Baumgartner, S., Füssenich, I. (Hrsg.): Sprachtherapie mit Kindern. 5. Aufl. Ernst Reinhardt, München, 105–161

de Langen-Müller, U., Kauschke, Ch., Kiesel-Himmel, Ch., Neumann, K., Noterdaeme, M. (Hrsg.) (2011): Diagnostik von Sprachentwicklungsstörungen (SES), unter Berücksichtigung umschriebener Sprachentwicklungsstörungen (USES). Interdisziplinäre S2k-Leitlinie. In: www.awmf.org/uploads/tx_szleitlinien/049-006l_S2k_Sprachentwicklungsstoerungen_Diagnostik_2013-06-abgelaufen_01.pdf, 9.8.2020

DESI-Konsortium (2008): Unterricht und Kompetenzerwerb in Deutsch und Englisch. Ergebnisse der DESI-Studie. Beltz, Weinheim/Basel. In: www.pedocs.de/volltexte/2010/3149/pdf/978_3_407_25491_7_1A_D_A.pdf, 9.8.2020

Deutsche Gesellschaft für Sprachheilpädagogik (dgs e.V.) (2016): Infobroschüre „Inklusion: Mit Sprache teilhaben“. In: www.dgs-ev.de/index.php?id=74, 9.8.2020

Ettenreich-Koschinsky, A. (2003): Bedeutung und Möglichkeiten sprachheilpädagogisch aufbereiteter Laut- und Buchstabenanalysen im Rahmen des Schriftspracherwerbs im Erstunterricht – aufgezeigt am Beispiel der Laut- und Buchstabenanalyse des Tt. Die Sprachheilarbeit 48 (2), 53–64

Fehrenbach, M., Kutscher, A. (2011): Förderung der mündlichen Erzählfähigkeit – ein Konzeptentwurf für den sprachheilpädagogischen Unterricht in Diagnose- und Förderklassen. urn:nbn:de:bvb:19-epub-12566-7, 9.8.2020

Fleer, S. (2016): Langenscheidt Kurzgrammatik Deutsch – Buch mit Download. Langenscheidt, München

Forster, M., Martschinke, S. (2008): Leichter lesen und schreiben lernen mit der Hexe Susi. Übungen und Spiele zur Förderung der phonologischen Bewusstheit. Diagnose und Förderung im Schriftspracherwerb. Bd. 2. 10. Aufl., Auer, Donauwörth

Fox-Boyer, A. V. (2015): Kindliche Aussprachestörungen. Phonologischer Erwerb/Differenzialdiagnostik/Therapie. 7. Aufl. Schulz-Kirchner, Idstein

Frank, G., Grziwotz, P. (2001): Märchen zum Erzählen und Spielen. Verlag am Sprachheilzentrum, Ravensburg

Glück, C.W. (2010): Kindliche Wortfindungsstörungen. Ein Bericht des aktuellen Erkenntnisstandes zu Grundlagen, Diagnostik und Therapie. 4. Aufl. Peter Lang, Frankfurt am Main

Gogolin, I., Lange, I. (2011): Bildungssprache und Durchgängige Sprachbildung. In: Fürstenau, S., Gomolla, M. (Hrsg.): Lehrbuch: Migration und schulischer Wandel. Mehrsprachigkeit. VS Verlag für Sozialwissenschaften, Wiesbaden, 107–127

Grabe, A., Schmidt, T. (2001): ABC lernen mit Gedichten, Bildern und Arbeitsblättern. Verl. an der Ruhr, Mülheim an der Ruhr

Grohnfeldt, M. (Hrsg.) (2014): Grundwissen der Sprachheilpädagogik und Sprachtherapie. Kohlhammer, Stuttgart

Hachul, C., Schönauer-Schneider, W. (Hrsg.) (2019): Sprachverstehen bei Kindern. Grundlagen, Diagnostik und Therapie. 3. Aufl. Elsevier, München

Hollstein, G., Sonnenmoser, M. (2006): Werkstatt Bilderbuch. Allgemeine Grundlagen, Vorschläge und Materialien für den Unterricht in der Grundschule. 2. Aufl. Schneider Verlag Hohengehren, Baltmannsweiler

ISB (Institut für Schulqualität und Bildungsforschung) (2009): Aufbau von Sprachkompetenz. ISB Bayern, München. (DVD), In: www.isb.bayern.de/schulartspezifisches/materialien/a/aufbau-von-sprachkompetenz, 9.8.2020

Keck, R.W. (1998): Der Impulsunterricht. Eine vermittelnde Unterrichtsform zwischen gängelnden und selbststeuernden Verfahren. Pädagogik 5, 13–16

Kleindiek, G. (2005): Das TeamPinBoard. In: www.teampinboard.de, 9.8.2020

Kucharz, D., Mackowiak, K., Beckerle, Ch. (2015): Alltagsintegrierte Sprachförderung. Ein Konzept zur Weiterqualifizierung in Kita und Grundschule. Beltz, Weinheim

Kultusministerkonferenz (KMK) (2011): Inklusive Bildung von Kindern und Jugendlichen mit Behinderungen in Schulen; Beschluss der Kultusministerkonferenz vom 20.10.2011. In: www.kmk.org/fileadmin/Dateien/veroeffentlichungen_beschluesse/2011/2011_10_20-Inklusive-Bildung.pdf, 9.8.2020

Lattermann, T., Neumann, K. (2005): Stotternde Schüler – ratlose Lehrer: Anregungen zur Unterrichtsgestaltung. Pädagogisches Forum 5, 159–162

Leisen, J. (2015): Handbuch Sprachförderung im Fach. Sprachsensibler Fachunterricht in der Praxis: Grundlagenwissen, Anregungen und Beispiele für die Unterstützung von sprachschwachen Lernern und Lernern mit Zuwanderungsgeschichte beim Sprechen, Lesen, Schreiben und Üben im Fach. Klett, Stuttgart

Lingoplay (2011): Satzbaustelle. Kommunikationsorientierte Sprachförderung. Für den Erst- und Zweitspracherwerb ab 4 Jahren. Lingoplay, Köln

Loriot, Müller, J. (2002): Peter und der Wolf. Ein musikalisches Märchen von Serge Prokofieff. 7. Aufl. Sauerländer Verlag, Düsseldorf

Luger, V. (2006): Versprecher. Voraussetzungen – Entstehung – Interpretation des mentalen Lexikons. VDM, Saarbrücken

Lüdtke, U., Stitzinger, U. (2017): Kinder mit sprachlichen Beeinträchtigungen unterrichten. Ernst Reinhardt, München

Maar, P. (2011): Eine Woche voller Samstage. Oetinger, Hamburg

Mahlstedt, D. (2011): Lernkiste Lesen und Schreiben. Fibelunabhängige Materialien zum Lesen- und Schreibenlernen für Kinder mit Lernschwächen. 4. Aufl. Beltz Praxis, Weinheim

Meyer, H. (2007): Unterrichtsmethoden, Band II: Praxisband. 12. Aufl. Cornelsen, Berlin

Motsch, H. J. (2017): Kontextoptimierung. 4., völlig überarb. Aufl. Ernst Reinhardt, München

Mußmann J. (2012 a): Sprachförderung in inklusiven Settings – 10 Beispiele für sprachliche Barrieren und Lernchancen. Sprachförderung und Sprachtherapie 1, 23–31

Mußmann J. (2012b). Inklusive Sprachförderung in der Grundschule. Ernst Reinhardt, München

Neidlinger, V., Colthorp, I., Herdter, F. (2016): Stottern im Unterricht – Schwierigkeiten und Lösungen. Sprachförderung und Sprachtherapie in Schule und Praxis 5 (4) 209–218. In: www.verlag-modernes-lernen.de/pdf/Zusatzmaterial/spf4_16.pdf, 9.8.2020

Noterdaeme, M. (2010): Psychische Auffälligkeiten bei sprachentwicklungsgestörten Kindern. In: Frontzek, G. (Hrsg.): Zur Sprache bringen – Disziplinen im Dialog. 29. Bundeskongress der Deutschen Gesellschaft für Sprachheilpädagogik. Wilke GmbH, Hamm, 203–208

Oelze, V. (2016): Lärm in Bildungseinrichtungen – Zustandsbeschreibung und Lösungsversuche. Sprachförderung und Sprachtherapie 5 (3), 141–146

Oerter, R., Montada, L. (Hrsg.) (2008): Entwicklungspsychologie. 6. Aufl. Beltz, Weinheim

Ramos, M. (2012): Der Wolf im Nachthemd. 3. Aufl. Moritz Verlag, Frankfurt am Main

Reber, K. (2017): Prävention von Lese- und Rechtschreibstörungen im Unterricht. Systematischer Schriftspracherwerb von Anfang an. 2. Aufl. Ernst Reinhardt, München

Reber, K. (2016): Auf dem Weg zur vierten Kulturtechnik: Mediendidaktik im Förderschwerpunkt Sprache. Praxis Sprache 61 (1), 33–40

Reber, K. (2014): Sprachheilpädagogik und Sprachtherapie in inklusiven Settings. Perspektiven der Vernetzung zwischen Sprachheilpädagogik, Sprachtherapie und Regelschule. LOGOS Interdisziplinär 30 (4), 264–275

Reber, K. (2012): Lesen lernen mit Bilderbüchern und Anlautschriften als Ergänzung zu herkömmlichen Leselernverfahren. mitSprache 4, 31–47. In: https://paedalogis.com/images/publikationen/anlautschriften_artikel_mitsprache.pdf, 21.3.2017

Reber, K., Schönauer-Schneider, W. (2018a): Bausteine sprachheilpädagogischen Unterrichts. 4. Aufl. Ernst Reinhardt, München

Reber, K., Schönauer-Schneider, W. (2018b): Kompetenzprofile Sprache. Ernst Reinhardt, München. In: www.reinhardt-verlag.de/_pdf_media/02486_TabellenBausteine.pdf, 9.8.2020

Reber, K., Schönauer-Schneider, W. (2016): Alltagsintegrierte Sprachförderung in der Grundschule: Schwerpunkt Wortschatz. In: Sigel, R. (Hrsg.): Diagnose und Förderung von bildungsbenachteiligten Kindern. Julius Klinkhardt Verlag, Bad Heilbrunn, 59–73

Reber, K., Schönauer-Schneider, W. (2015): Schüler im Blick: Bausteine zur sprachheilpädagogischen Diagnostik in der Gruppe. In: Paier, A. (Hrsg.): Sprache – ein Kinderspiel? Aktuelle Beiträge der Sprachheilpädagogik in einer inklusiven Bildungslandschaft. Lernen mit Pfiff, Wien, 111–121

Reber, K., Schönauer-Schneider, W. (2013): Lehrersprache im Unterricht – mehr als nur erklären, fragen und entwickeln. Pädagogik 65 (7–8) 12–15

Reber, K., Steidl, M. (2017): Anlautschriften & Co. Lesen lernen mit Kinderbüchern. 8. Aufl. Paedalogis, Weiden. In: www.paedalogis.com, 9.8.2020

Reber, K., Steidl, M. (2016a): Computerprogramm zabulo. Individuelle Lernmaterialien selbst erstellen. Paedalogis, Weiden. In: www.paedalogis.com, 9.8.2020

Reber, K., Steidl, M. (2016b): Piktogramme Gesprächsregeln. In: https://paedalogis.com/gespraechsregeln, 9.8.2020

Reber, K., Steidl, M. (2016c): Piktogramm Give Me Five! In: https://paedalogis.com/gespraechsregeln, 9.8.2020

Reber, K., Steidl, M. (2012): Handzeichenübersicht. Paedalogis, Weiden. In: https://paedalogis.com/tag/handzeichen, 9.8.2020

Reber, K., Wildegger-Lack, E. (2020): Sprachförderung mit Medien: Von real bis digital. Wissenswertes für Eltern, Pädagogen und Therapeuten. Schulz-Kirchner, Idstein

Region Hannover (2014): Schuleingangsuntersuchung Band 1-2014. In: www.hannover.de/content/download/488970/10856699/file/20264_51.15_Broschuere_Schuleingangsbericht2014_inet.pdf, 9.8.2020

Rißling, J.K., Melzer, J., Menke, B., Petermann, F., Daseking, M. (2015): Sprachkompetenz und Verhaltensauffälligkeiten im Vorschulalter. Gesundheitswesen 77 (10), 805–813 (http://dx.doi.org/10.1055/s-0035-1564080)

Rodrian, B. (2009): Elterntraining Sprachförderung. Handreichung für Lehrer, Erzieher und Sprachtherapeuten. Ernst Reinhardt, München

Ruß, M. (2001): Mundmotorik bei der Lautbildung. Ernst Reinhardt, München

Sallat, S., Schönauer-Schneider, W. (2015): Unterricht bei Kindern mit Sprach- und Kommunikationsstörungen. Sprache Stimme Gehör 39 (2), 70–75

Schäfer, H., Leis, N. (2008): Lesen und Schreiben im Handumdrehen. Lautgebärden erleichtern den Schriftspracherwerb in Förderschule und Grundschule. Mit 36 Videosequenzen und 207 Kopier- und Materialvorlagen auf CD-ROM. Ernst Reinhardt, München

Schneider, M. (2014): Poltern. In: Grohnfeldt, M. (Hrsg.): Grundwissen der Sprachheilpädagogik und Sprachtherapie. Kohlhammer, Stuttgart, 244–249

Schönauer-Schneider, W., Reber, K. (2016): Quietsch, Quatsch, Matsch: Prototypische Unterrichtskontexte zur Förderung von Sprachkompetenz. In: Lüdtke, U., Sallat, St., Stitzinger, U. (2016): Kongressband zum Bundeskongress der Deutschen Gesellschaft für Sprachheilpädagogik e.V., 145–152

Schönauer-Schneider, W., Schweiz, B. (2006): Sprache lernt man nur durch Sprechen. Bausteine zur Sprachförderung im Unterricht. LMU München, Unterrichtsmitschau und didaktische Forschung, München. Bestellmöglichkeit: www.lmu.de/unterrichtsmitschau, lmu.unterrichtsmitschau@lrz.uni-muenchen.de (DVD, Euro 19,90), 9.8.2020

Stumpf, P., Hufnagel, S. (2016): Die Wortschatzrakete. Ein theoriebasiertes, ökonomisches und flexibles Konzept zur Wortschatzarbeit im (Schul-)Alltag. Praxis Sprache 61 (4), 268–270

Subellok, K., Bahrfeck-Wichitill, K. (2016): Selektiver Mutismus im sozialen Kontext – Vernetzungsarbeit in der Dortmunder MutismusTherapie (DortMuT). Praxis Sprache 61, 3, 163–170.

Thiele, H. (1981): Lehren und Lernen im Gespräch. Gesprächsführung im Unterricht. Verlag Julius Klinkhardt, Bad Heilbrunn

Thum, G. (2011): Stottern in der Schule. Ein Ratgeber für Lehrerinnen und Lehrer. Demosthenes, Köln

Van Zeveren, M. (2011): Das Ei. Moritz Verlag, Frankfurt

Wagner, S., Schlenker-Schulte, Ch. (2005): Textoptimierung von Prüfungsaufgaben. Handreichung zur Erstellung leicht verständlicher Prüfungsaufgaben. FST, Halle

Weidner, M. (2016): Kooperatives Lernen im Unterricht. Das Arbeitsbuch. 5. Aufl. Kallmeyer, Seelze-Velber

Wendlandt, W. (2015): Sprachstörungen im Kindesalter. Materialien zur Früherkennung und Beratung. Forum Logopädie. 7. Aufl. Thieme, Stuttgart

Wildegger-Lack, E. (2011): Therapie von kindlichen Sprachentwicklungsstörungen (3–10 Jahre). Ernst Reinhardt, München

Wilhelm, E. (2014): Grammatik-Gourmet – die Erweiterung. ProLog, Köln

Wilkening, N. (2013): 80 schnelle Spiele für die DaZ- und Sprachförderung. Für Plenum, Kleingruppen und Freiarbeit. Verlag an der Ruhr, Mülheim an der Ruhr

Sachregister

Bildnachweis

Abb. 6, 7, 9, Tab. 5 (Erzählkugel), Tab. 6 (Schweigefuchs, Leisesignal, Handgeste, Erzählkugel), Tab. 15 (Talking Points):

Reber, K., Steidl, M. (2016). paedalogis – Lernwege Schriftsprache. Weiden. In: www.paedalogis.com

Abb. 8:

Bilder aus: Frank, G., Grziwotz-Buck, P. (1990): Märchen zum Erzählen und Spielen. Verlag am Sprachheilzentrum, Ravensburg

Abb. 13 (Orange, Pferd), Abb. 17, 24 (Kaktus), Abb. 28 (Zuordnungsübung), Abb. 34, Tab. 5 (Sterne):

Reber, K., Steidl, M. (2016): Computerprogramm zabulo. Individuelle Lernmaterialien selbst erstellen. 5. Aufl. paedalogis, Weiden, www.paedalogis.com

Abb. 14, 23, 30, 31 (Strichzeichnungen), Abb. 18:

Reber, K., Steidl, M. (2017): Anlautschriften & Co. Lesen lernen mit Kinderbüchern. 8. Aufl. paedalogis, Weiden

Abb. 25 (Wortschatzspeicher):

Arand, B., Ruppert-Guglhör, I., Schlamp-Diekmann, F., Schröter, A., Steigerwald-Wimmer, M. (2017): Wortschatzrituale im Unterricht. Praxis Sprache 62 (3), 172

Abb. 25 (Wortschatzrakete):

Stumpf, P., Hufnagel, S. (2016): Die Wortschatzrakete. In: Praxis Sprache 4, 268–270

Abb. 30 (bewegliches Tafelbild):

Schönauer-Schneider, W., Reber, K. (2016): Sprache und Inklusion als Chance?! Schulz-Kirchner, Idstein

Abb. 33 (Buchstabeneinführung <ei>):

Reber, K. (2012): Lesen lernen mit Bilderbüchern und Anlautschriften als Ergänzung zu herkömmlichen Leselernverfahren. In: mitSprache 4, 31–47

Tab. 6 (Papagei):

Folkmanis-Puppets Inc. – Europe

Tab. 15 (TING Hörstift):

TING GmbH, Augsburg